長谷川慶太郎の未来展望

コロナ禍の世界をどう見るか

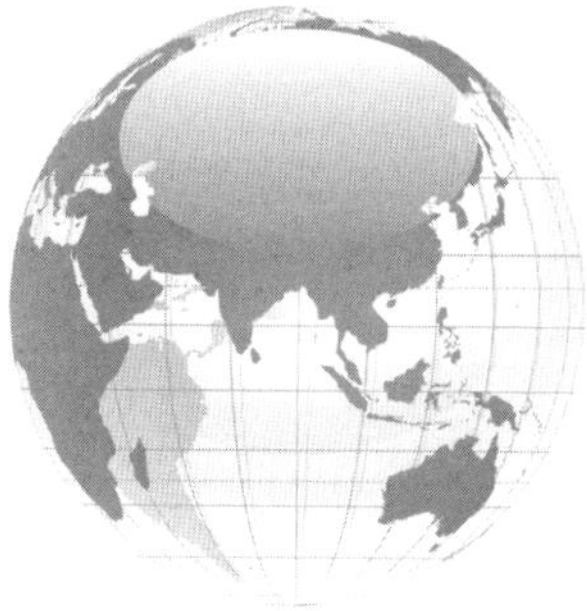

大川隆法
Ryuho Okawa

まえがき

昨秋亡くなられた国際エコノミスト、長谷川慶太郎《はせがわけいたろう》氏の、第二弾の霊言《れいげん》である。〝コロナの時代〟〝アフターコロナの時代〟について、何か一言《ひとこと》いっておきたかったのだろうと思う。

私が気づいたこととしては、宗教的、あるいは霊的な視点が加わって、この世の出来事を第三者の眼で見ておられるということだ。

「HS（ハッピー・サイエンス）政経塾」へも講師としてお招きしていたので、その頃と比べて四十歳ぐらい若返っておられるご様子《ようす》である。

地上の我々が大変な時代を生きているのは、十分ご承知の上で、未来への明るい展望を語って下さったのが印象的だった。

次の「世界恐慌」後にもやるべきことがある。新しい未来経済学を樹《た》てなくてはなるまい。そう強く確信させる霊言であった。

二〇二〇年　六月三十日

幸福《こうふく》の科学《かがく》グループ創始者兼総裁《そうししゃけんそうさい》　大川隆法《おおかわりゅうほう》

長谷川慶太郎の未来展望　目次

まえがき　3

長谷川慶太郎《はせがわけいたろう》の未来展望

──コロナ禍《か》の世界をどう見るか──

二〇二〇年六月二十六日　収録
幸福の科学 特別説法堂《せっぽうどう》にて

5　国内外のさまざまな問題について訊く

「霊言現象《れいげんげんしょう》」とは、あの世の霊存在の言葉を語り下ろす現象のことをいう。これは高度な悟《さと》りを開いた者に特有のものであり、「霊媒現象《れいばいげんしょう》」（トランス状態になって意識を失い、霊が一方的にしゃべる現象）とは異なる。

なお、「霊言」は、あくまでも霊人《れいじん》の意見であり、幸福の科学グループとしての見解と矛盾《むじゅん》する内容を含《ふく》む場合がある点、付記しておきたい。

長谷川慶太郎《はせがわけいたろう》の未来展望

――コロナ禍《か》の世界をどう見るか――

二〇二〇年六月二十六日　収録

幸福の科学　特別説法堂《せっぽうどう》にて

長谷川慶太郎《はせがわけいたろう》（一九二七〜二〇一九）

経済評論家、国際エコノミスト。京都府生まれ。大阪《おおさか》大学工学部冶金《やきん》学科卒業後、金属業界紙の記者や証券アナリスト等を経《へ》て経済評論家となる。「石油危機」の際、船舶《せんぱく》保険のデータからタンカーの運行状況《じょうきょう》をつかみ、「石油不足は起きない」と予測したことなどで知られる。一九七〇年代の末から数多くの著作を発表。軍事評論家としての面も持ち、自衛隊幹部学校等での非常勤講師を三十年以上にわたって務めた。

［質問者三名は、それぞれA・B・Cと表記］

1 〝霊界《れいかい》国際エコノミスト〟の長谷川《はせがわ》慶太郎《けいたろう》氏に訊《き》く

朝から霊言《れいげん》収録の交渉《こうしょう》に来ていた長谷川慶太郎氏の霊

大川隆法　昨年（二〇一九年）九月三日に亡《な》くなられまして、当会でも十一月末に霊言《れいげん》を録《と》って本も出しました長谷川《はせがわ》慶太郎《けいたろう》先生が、今朝《けさ》、私が起きたときから、もう来ておられました。

確かに、今のような状態なら、本は出す方でしょう。本を出すか、最低でも、保守系の雑誌に何か出されるのは当たり前かと思います。

前回の本では、コロナとそれ以降については語られていないので、このあたりについて言いたいことはあるのではないかと思います。政治と経済、国際問題等ですね。今、

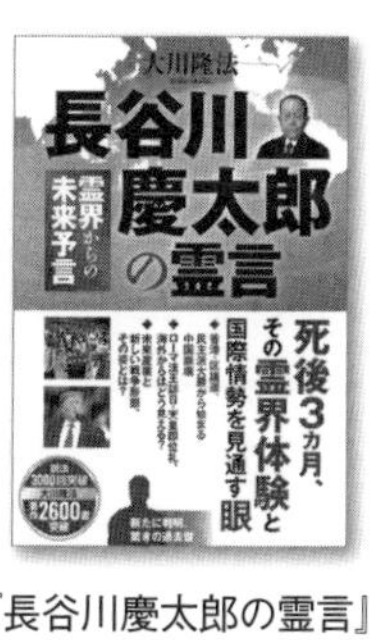

『長谷川慶太郎の霊言』
（幸福の科学出版刊）

積み残しているものや、今後、見通したいことについて、いちばん関心のあるタイプの人ではあろうと思うのです。

ただ、こちらとしては、「半年前に出したばかりですし」と言って、午前中は少々渋《しぶ》って交渉《こうしょう》していました（笑）。紫央《しお》総裁補佐《ほさ》からは、「キッシンジャー博士の守護霊《しゅごれい》を半分、長谷川先生を半分ぐらいでいかがですか。前回、お話を頂いたところですし」と言っていたのですけれども、「いや、キッシンジャーだと、中国問題が逆になるといかんから、やっぱり統一性を欠く」などとおっしゃっていました。

確かに、今、一冊出てもおかしくはないでしょう。

そういうことで、幸福の科学としても、「ザ・リバティ」誌的な問題から、政党の問題、その他、宗教活動や国際系、教育系など、諸問題はあると思いますし、もちろん、政局の問題もあるでしょう。

おそらく、教団の内部の方も外部の方々も、訊《き》きたくても訊けないようなことはたくさんあると思います。「長谷川慶太郎が健在なら、何と言うか」ですね。

また、あの世へ還《かえ》って十カ月ぐらいですけれども、認識力が上がっているかどうか。これはちょっと分かりませんが、もしかしたら、われわれが気がつかないようなことが、何か見える点も出ているかもしれません。そうしたところで、二つ、三つでも何か目新しい論点が見つかれば、それでも儲《もう》けものかなと思っています。

まあ、前回の本で、コロナを予言し損《そこ》ねているところが、ちょっと悔《くや》しかったような感じは受けています。

この間に「ザ・リバティ」の編集長も替《か》わっていますので、「取材」という意味では、もし、お元気なら、取材したい方ではありましょう。

長谷川慶太郎氏に、日本と世界の現状についての考えを聞く

大川隆法　前回は、「霊界《れいかい》では六、七十歳《さい》ぐらいの感じになっている」という話をされていましたが、今、何歳ぐらいになっているかは分かりません。

生きていたら九十二歳ぐらいだと思いますが、世界の変化についていけるかどう

か、このへんがちょっと分からないところです。あまりに目茶苦茶《めちゃくちゃ》になってきたので、私ももう、そろそろ嫌《いや》になってきて、責任のない若い人に、もう少し発言してもらったほうがよいのではないかとも思い始めています。

私が言うときには、それほど外れてはいけないので、「八、九割は王道を外してはいけない」と思うところがあるのですけれども、もう少し若ければ、もっと大胆《だいたん》なことが言えるところもあるでしょう。

そういうわけで、いろいろなことにお答えできればと思います。

それでは霊言に入ります。いいですか。

（軽く手を一回合わせる。手を擦《す》り合わせながら）長谷川慶太郎先生、長谷川慶太郎先生。

どうぞ、幸福の科学に降りたまいて、霊界より、〝霊界国際エコノミスト〟としてのお考え、あるいは、現在の日本や世界の置かれている現状についてのお考え等がありましたら、お聞かせください。よろしくお願い申し上げます。

（約五秒間の沈黙《ちんもく》）

2　コロナ禍《か》における世界恐慌《きょうこう》の可能性

「世界恐慌の可能性？　百一パーセントぐらいかなあ」

長谷川慶太郎　（合掌《がっしょう》を解き、椅子《いす》の手すりを両手で軽く叩《たた》く）

質問者A　こんにちは。

長谷川慶太郎　うん。

質問者A　長谷川慶太郎先生でいらっしゃいますか。

長谷川慶太郎　ああ、ああ。
まあ、ニーズはあるんじゃないかなあ、「聞いてみたい」っていう。
上手な本のつくり方をしてくれてなあ、上手な売り方をしてくれれば、ニーズはあるんじゃないかなあ。

質問者Ａ　もともと、長谷川慶太郎先生は、毎年のようにベストセラーを書かれていましたし。

長谷川慶太郎　そうなんだよ。予言者なんだよ、予言者なんだよ。

質問者Ａ　はい。「ニューズレター」も、毎週発行されていました。

長谷川慶太郎　だんだん、読む人がいなくなったけどな。

質問者A　一味違《ひとあじちが》った〝霊界《れいかい》ニューズレター〟を、ぜひお聞きできればと、楽しみにしております。

長谷川慶太郎　そうなんだよ。そうなんだよ。こんな〝下世話《げせわ》な話〟をねえ、霊界から言いたい人なんて、いやしないんだよ。ほかはもう、みんな、「この世をいかに早く忘れるか」が霊格《れいかく》を高める方法だからさ。この世のことに関心があるっていうのは執着《しゅうちゃく》があるのと一緒《いっしょ》だからさ、なかなか偉《えら》くなれねえんだよ。だけど、それでも、あえてだねえ、もう〝涅槃《ねはん》〟に入《い》らずに踏《ふ》みとどまって、来ているわけだからさあ。

質問者A　（前回の霊言《れいげん》によりますと）霊界から、「遠眼鏡《とおめがね》」で世の中を見渡《みわた》しておられるということですので。

長谷川慶太郎　うん、そうなんだよ。まあ、「遠眼鏡」っていうと、ちょっと何か、天狗《てんぐ》みたいだし、ちょっとあれだけどね。

質問者A　今日は、いろいろとお訊《き》きできれば、ありがたいです。前回（の霊言）は七カ月ほど前でしたが、新しい情勢としてはコロナで世界大激震《だいげきしん》というところです。この政治的な影響《えいきょう》、経済的な影響について、お話をお伺《うかが》いしたいところです。

長谷川先生はエコノミストでいらっしゃいましたので、端的《たんてき》にお伺いしますが、世界恐慌《きょうこう》の可能性はどのくらいあるとお考えでしょうか。

長谷川慶太郎　うん？　世界恐慌の可能性？　うーん……、まあ、ほぼ、「百一パーセント」ぐらいかなあ。

質問者Ａ　ああ、そうですか。もうほとんど、その方向しかないと。

長谷川慶太郎　ああ。

ただ、世界百九十何カ国ぐらいあるから、何カ国かは生き残る可能性があるんで、知恵《ちえ》があるところだけが、若干《じゃっかん》、生き残る。生き残ったところが「次のリーダー」になるっていう、まあ、そういうことだよな。

今回のすごさは、メジャーな国がほとんど全滅《ぜんめつ》になってきてるんでね、助けられないんだよ、これはなあ。どうしようもないな。

質問者Ａ　二十世紀の経済体制や政治システムが「ガラガラポン」にでは、これは日本発でなくても、海外から〝大津波《おおつなみ》〟が来ることになると。

長谷川慶太郎　いやあ、それもあるし。「実体経済」だな、今、言っているのは。実体経済は、これはもう、後退以外ないのは明らかなんですけども、実体経済以外の経済原理だよな。「現代経済の原理が崩壊《ほうかい》するかもしれない」っていう危機が、今、同時に来てるから。ウィルスだけでない、ほかの部分だよな。

だから、「国による政治や経済のコントロール」っていうシステムが、もう、ほぼ、「二十世紀システム」として切り捨てられようとしている感じはするんだよ。

あとは、ＥＵみたいな連合？　連合でやるというやり方も、これも終わろうとしてると、たぶん思うんだよ。負けるときは全部一緒で、結局、何カ国が集まろうと、勝つときは勝てるが、負けるときは全部負ける。救えるところはない。

で、イギリスが外れ、アメリカが外れ、両方コロナで苦しみ、日本は、まあ〝透《とう》明《めい》人間〟だな。現時点では〝透明人間〟で、クラゲみたいに、何にでも、どっちにでも漂《ただよ》っていけそうにやってるっていう感じだわな。

私はもう〝一円もない世界〟を生きてるからさあ、ダメージがまったくないので、何を言ってもいいけど、君らはちょっとダメージを受けることがあるから、言い方に気をつけなければいかんとは思うけど。

いや、まあ、実体経済としての国際経済は、もう大恐慌が「百一パーセント」、「百パーセント以上」の確率で来るのは確実です。

ただ、今までの、二十世紀から引きずってきた経済体制そのものが、完全に「ガラガラポン」する可能性まで、ちょっと出てきているので、これから先に、何をどうつくって、どう運営するかっていうところは、〝見通せないクリエイション〟だなあ。

これを、天才が出るか、天才が出なければ、秀才《しゅうさい》の頭をかき集めて考え抜《ぬ》けるか。まあ、戦いだな。

この新しいシステム構築に成功しなければ、「昔返り」になる可能性は高いね。ドーンッと昔に返っちゃうかもしれないなあ。

質問者A　新しいものが生まれるチャンスになる可能性も、高いということですね。

長谷川慶太郎　ああ、チャンスはある。チャンスはある。リーダー国が変わる可能性もある。

経済は五世紀ぐらい昔に戻《もど》ろうとしている

質問者B　その点に関しまして、天上界《てんじょうかい》からも少し指摘《してき》が出始めているのが、今おっしゃいました「近代経済原理」についてですね。

これは、スタート点まで行きますと、自由貿易体制を組んで、交易をして全体のパイが大きくなるというところから始まってきたのですが、これが、いろいろなかたちで寸断をされ始めています。

長谷川慶太郎　もう、アウトだな。

アダム・スミスは、「コロナウィルスの経済学」について述べなかった。うん。「貿易すると、お互《たが》いが儲《もう》かる」っていう考えだったよな。貿易できなくなったら、これどうなるのっていう。ねえ?

昨日《きのう》も、日本からベトナムにビジネス出張するのに、防護服を着て飛行機に乗り込《こ》んで行っとったみたいだけど。

この世界は、もう「アダム・スミスが働かない世界」に入っているわな、完璧《かんぺき》に。それ以前だなあ。大航海時代が始まるころぐらいまで戻《もど》っているから、五世紀ぐらい昔に戻ろうとしているからさ、このままだと。

もし、コロナウィルスのほうが、まだまだグルグル回るようならな。

3　米中対立の行方《ゆくえ》を読む

「君たちがまだ知らない、もう一つの天意もあるかもしれない」

質問者A　こうした大変動の時代ですと、ますます、長谷川先生のご発言が非常に貴重になってくると思います。

長谷川慶太郎　もう、嘘《うそ》も本当も一緒《いっしょ》になって予言するっていう。

質問者A　いろいろと各論もお伺《うかが》いしたいのですが、アメリカ、中国は、かなり先行き不透明《ふとうめい》な感じになっています。

長谷川慶太郎　うん。

質問者Ａ　秋には、アメリカ大統領選がありますが、トランプさんが危《あや》うしという情勢になっています。

長谷川慶太郎　いや、コロナの責任を取らされたら、ちょっときついだろうなあ。それは、まあ、他国比で、アメリカが、ちょっと率が多かったからさ、「これは大統領が悪い」っていう。

まあ、最初は無関心だったからさあ。ニューヨークの知事さんのクオモさんかなんかが、「もうちょっと医療《いりょう》機械が要《い》る」とか、必死で言っているのを、「そんなの州レベルでやれや。ニューヨーク市でやったらいいんだ。そんな、国家レベルでやってられるか」っていうことを、トランプさんは言ったからさあ。だから、一時期、アメリカの感染者《かんせんしゃ》の半分ぐらいがニューヨークだったよな。

今、次は、トランプさんが別荘《べっそう》を持ってる、ホテルを持ってるフロリダに、コロナの中心はフロリダに移動して。これはハリケーンがよく狙《ねら》う所だ。コロナが狙うのが一緒だなあ。ハリケーンが来たら吹《ふ》っ飛ばしてくれるかもしれないけど、まあ、フロリダのほうへ行ってるし。

中南米のほうにも中心地ができてるから、これは、ちょっと、君たちがまだ知らない、「もう一つの天意」もあるかもしれないよ、これ。うーん、何か動いているかも。

質問者A　といいますと、どういう……。

長谷川慶太郎　だから、「南北アメリカ大掃除《おおそうじ》計画」っていうのが、別にあるかもしれない、もしかすると。

隠《かく》し切れなくなった中国経済の陰《かげ》り

質問者A　もちろん今は、香港《ホンコン》の問題もあるのですが、この一、二年の流れで言えば、米中貿易戦争のステージがだんだん上がってきて、習近平《しゅうきんぺい》が追い詰《つ》められている状況《じょうきょう》ではあったと思います。

長谷川慶太郎　うん、うん、うん。

質問者A　このあたりで、ちょっとアメリカがぐらついていて、かなり雲行きが怪《あや》しくなっているところかと思いますが。

長谷川慶太郎　だから、まあ、ああいう、「アメリカ化しろ」っていう圧力、「欧米《おうべい》化しろ」っていう圧力、香港のね？　北京《ペキン》に対する圧力が、一方ではあるんだけど、

「欧米化したら、こんなひどいことになるぞ」っていうのを見せているような感じにも見えるわな。
　だから、「この演出家はいったいどこにおるのか」っていう問題も感じなくはないわな。社会主義のほうが整然とやれているように見えるじゃない。もし、数字を信用するならだけどな。

質問者Ａ　ついこの間の五月に全人代《ぜんじんだい》がようやく開かれましたが、今年、注目されたのは、今まで出ていた経済成長目標が、事実上出せなくなったことです。李克強《りこくきょう》首相は発表しませんでした。
　中国の内部で習近平と李克強の間で路線が行き違《ちが》っているのではないかとの観測もあるのですが。そのあたりは何かあるでしょうか。

長谷川慶太郎　まあ、習近平は〝神〟になろうとしているからなあ。

質問者Ａ　はい。

長谷川慶太郎　李克強は、まあ、〝実務家のトップ〟を張ろうとしているからさあ。本来の中国なら、「経済が減速し、五パーセント成長になった」ぐらいにしたいところであろうけども、誰《だれ》も信じないだろうから（笑）。まあ、しょうがないので、数字はもう言わないことにしようかとしてるんじゃないかなあと。

まあ、全部さあ、本当は去年だって、マイナス成長なんだよ。去年、六パーセントになったとか、そんなの大嘘《おおうそ》さ。

だから、マイナス成長を六パーセントって言えるところが、今年は何と言えるかっていったら、「もう言わない」っていう感じになってきてるんだろう。

質問者Ａ　もともと、ご生前の長谷川先生のお考えでも、中国の民主化というのを、ある程度見通しておられて、「おそらく、中国そのものが七つぐらいに分裂《ぶんれつ》するのではないか」というようなこともおっしゃられていたようです。

長谷川慶太郎　いや、分裂してほしいわな、はっきり言えばな。「内紛《ないふん》でもやっとれ」っていう感じ。世界に脅威《きょうい》をばら撒《ま》くぐらいなら、そのほうがいいんじゃないですか。だから、劉備玄徳《りゅうびげんとく》の時代に返ってもらったほうが、〝なかで仲良く〟戦ってくれたら、外には影響《えいきょう》はないし。

コロナ・パンデミックの仕掛《しか》け人は、中国としか思えない

質問者B　ずばり、香港については、中国サイドはどのように動くと見ておられますでしょうか。

長谷川慶太郎　いや、もう賭《か》けだろうね。賭けだろう。

だから、「潰《つぶ》してでもいいから、中国は一つでなければならない」っていうなら、それは潰せるだろうなあ。ただ、そのあとの中国は、国際的には完璧《かんぺき》な孤立《こりつ》が来るのは確実だわな。もし、それを読んだ上でも、まだ潰すか。完璧な孤立でも、まだやっていけると思うか。まあ、このへんだわな。中国嫌《ぎら》いはどんどん増えているからなあ。

だから、やっぱりねえ、どう考えても、推理小説的に判断するかぎりですねえ、今回のコロナ・パンデミックは、「仕掛《しか》け人」は中国としか思えないんだよなあ、どう考えても。だって、これは、アメリカから仕掛けてきた関税戦争の報復としてやってるとしか、やっぱり思えないんだよなあ。

「関税戦争」と、それから、「ＩＴ技術関係のスパイ戦争」等だよなあ。あとは、次は、「電子マネーでの戦争」も始まるところだったんだろうと思うけども、その前に、短い視野で言えば、トランプさんを落とすことに、今、全力を集中してるんだと思うんだよ。実際、現実にアメリカでもやってるはずだけど。金をつぎ込《こ》んで活動してると思うけど。中国マネーが、現地人を使ってやってるとは思うが。

だから、「関税戦争」に対して、普通《ふつう》は、「核《かく》戦争での脅《おど》し」っていうのが一つあるけど、核戦争は、やっぱり見えすぎて、あんまり印象がよくないから、〝目に見えない戦争〟を仕掛けるつもりはあったんでないかとは思う。

今回、いくらごまかしてさあ、「アメリカ発のコロナウィルスだ」とかさあ、「ヨーロッパにもあった」とか、いろいろ意見は言ってるけどさ、こんなの、デマの拡散を一生懸命《いっしょうけんめい》やってるのは、それは、もう分かってることなんで。あれだけ情報統制するところだから、分かってるんだけど。

まあ、手違いが途中《とちゅう》であったかどうかは、ちょっと分かりにくいところはあるけれども、「被害《ひがい》を訴《うった》えた人が犯人であった」っていう、アガサ・クリスティー的なところだよなあ。

アメリカ国内に二つの敵を持つトランプ大統領

質問者B　それに対して、ずばり、トランプ大統領はどう出てくるかという、トランプ大統領の次の一手に関してはいかがでしょうか。

長谷川慶太郎　アメリカは、「マスコミ」と「民主党」と二つの敵を持っとるからなあ。これはうっとうしいよね。マスコミに、民主党に、国際的な反対勢力。国際的に左に寄ってるやつは、だいたい「反トランプ」なんで。

まあ、それだけ敵が出るっていうのは、すごく強いは強いんだろうと思うけどなあ。いや、強引《ごういん》だからねえ。けっこう妥協《だきょう》しないから、強いのは強いと思うんだが。まあ、形勢逆転しようと思えば、それは、一発ぶち込めば逆転し始めるとは思うけどね。今の状態でやれるかどうかは分からない。ペンタゴンにだって、民主党はいるはずだからさ。ハッハッハッハッハハハハ（笑）。

質問者A　先日のドラッカーの霊言《れいげん》では、六月ぐらいに勝負をかけないといけないのではないかという話がありました。「孫子《そんし》がアメリカ大統領であれば」ということですが。

長谷川慶太郎　ああ、もう六月が終わりつつあるねえ。

質問者A　そうなんです。ええ。

長谷川慶太郎　トランプさんは、このまま〝成仏《じょうぶつ》〟するかどうかっていうところだよなあ。

それは、中国はバイデン（民主党の米大統領候補）のほうがいいと思うよ。どうせ死ぬし、もうすぐ。それ以外に、国内の貧富《ひんぷ》の差ぐらいを埋《う》めることしか、どう

『P. F. ドラッカー「未来社会の指針を語る」』（幸福の科学出版刊）

せ考えていないだろうし。
まあ、気持ちは、共産主義にも通じるものを持ってるだろうからさあ。それに、オバマが亡霊として取り憑《つ》いて、後ろから仕切っとれば、それは、もう一回、「民主党の、弱っていくアメリカ」を演出できるわなあ。

質問者A　アメリカ国内の話ですが、実際には、マスコミも民主党も、中国のほうとつながっていて、仕掛けている側面があると疑われる状況なので、国際代理戦争のような感じにはなっていると思われます。

長谷川慶太郎　まあ、そうだよね。
中国人をアメリカにいっぱい留学させて、英語をいっぱい勉強させてさあ。アメリカは、中国に行って中国語を勉強しないからさ。だから、内部を攪乱《かくらん》するのには、向こうのほうがしやすいっていうことだよね。

まあ、アメリカから中国の大学なんか留学したって、いいことは何もないもんな、はっきり言えばね。洗脳されるだけだから、まあ、行かないよな。

情報を隠蔽《いんぺい》する中国、公開するアメリカ

長谷川慶太郎　だから、これも難しいんだけどさあ、兵法の「彼を知り己《おのれ》を知れば百戦して殆《あや》うからず」じゃないけど、「相手を知っているかどうか」っていうのは、戦いの一つの問題だし。もう一つは、「己を知る」。自分の能力、分《ぶん》を知ることなあ。この両方を知っていないと、戦いは、やっぱり敗れることが多いんでなあ。

そういう意味で、中国のほうは、己のほうは一生懸命、隠蔽《いんぺい》して、操作をしてはいるけども、アメリカのほうを知ってるわねえ。

あそこは情報公開して、バレバレだからさ。ボルトンさん（前大統領補佐官《ほさかん》）まで、何か内部公開してくれるからさ。もう丸裸《まるはだか》やな。〝王様丸裸〟なんで、丸裸でどこまでやれるかっていうところやなあ。

質問者A　そうすると、希望的観測はさて置きまして、もしかしたら、習近平のほうが引っ繰《く》り返す可能性もないとは言えないという……。

長谷川慶太郎　まあ、一時的にな、それは、バイデンになった場合は、習近平が有利に見える時期がしばらくあるかもしらんなあ。でも、長いはずはないとは思うんだけども。

中国のなかも、一生懸命、情報管制しているとは思うが、感染者のところの嘘をいっぱいついているし、死亡者のところも嘘をついているし、さらに、経済問題で、倒産《とうさん》がいっぱい出てる、失業者がいっぱい出てるところも嘘をついてるし。それから、「ザ・リバティ」の売上を伸《の》ばしたバッタも、中国で食い荒《あ》らしているのに、内部メディアはそれを伝えないように、一生懸命、隠蔽してるわな。

これは、いずれにしても、方便《ほうべん》のレベルなら、みな我慢《がまん》するが、真実に反して、国民を騙《だま》してまで政権を維持《いじ》しようとすると、日本でなくても、ほかのところでも、やっぱり、崩壊《ほうかい》は進んでくるから。

まあ、アメリカが倒《たお》れるときは、時差がちょっとあるかどうかは分からんけども、共倒れ。こっちも倒れるは倒れると思うよ、おそらくね。

4　実体のないバブル経済の危険性

恐慌《きょうこう》を乗り切ろうとして「ニセ金造りの経済学」が始まる

質問者A　そうしますと、非常に混沌《こんとん》とした状況《じょうきょう》になりますが、先ほどの世界恐慌《きょうこう》の可能性については、もう本当に対策がないということでしょうか。

長谷川慶太郎　いやあ、恐慌だよ。恐慌しかないよ。だから、これを乗り切ろうとして、次は「ニセ金造りの経済学」ですよ。これしかないんで。「信用」は関係なく、要するに、コンピュータ上に存在する金は、いっぱいつくってつくって、しばらくやるから。

これは今、またもう一回、バブル崩壊《ほうかい》が来ているので、もう一回、バブルを同時につくって、生き延びようとするのが出ると思うわなあ。

　これは、日本は後《おく》れを取ってるんだけど、これについては。黒田《くろだ》さんも年を取っとるし、安倍《あべ》さんたちも年を取って、麻生《あそう》さんも年を取ってるから、もうついていけないので。

「こんなの、よう分からんなあ。何だこれ。仮想通貨みたいなのがいっぱいつくれるって、どういうことやあ？」っていうのがあるけど、たぶん、それは止められない。いっぱいいつくって、それに食いつくやつはいると思う。で、食いついて、しばらくそれで食いつなぐ人は出ると思う。

　ただ、やっぱり、最終的には、それは、まあ、何やろう……、うーん、「綿菓子《わたがし》をパンだと思って食え！」っていうようなもんだからさあ。長くは続かないで、必ず信用の崩壊は起きる。

実体のない〝幽霊《ゆうれい》経済〟の結末はどうなるか

長谷川慶太郎　だから、今、インターネット会社の株価みたいなのは、株価というか、時価総額だけは、ものすごく増えてるけど、これも、まったく根拠《こんきょ》はないのは、そのとおりだろう？

インターネットに関しては、何も持ってないもんね。なーんにもないんだからさあ。もう、資産になるものがほぼなく、彼らが経済的に発展したり、力を持っていることを証明するものは、何にもない。ネット上に存在するだけの会社ですから。「株価は大きい」とか、「経済力は大きい」って言ってるところは、ヤフーだろうがアマゾンだろうが、あるいは楽天《らくてん》だろうが、もう、みんなそんなのばっかりだろう？　実体がないやつばっかりだよ。

今、これが膨《ふく》らんでるけど、これは、昔で言やあ「バブル」だよな、完全にな。「実体がない経済学こそ、本物の経済学や」というほうに、今、入ろうとしてるわけよ。で、そちらのシェアのほうが大きくなろうとしているんだよ。ただ、これは、まあ……、どういうふうな結末を迎《むか》えるかだなあ。これ、どのくらい……、しばらくは、食わせられないことはないっていうか、バブルで食っている人は出るとは思うけど。その新しい、いわゆる経済的天才っていうか、百年、二百年は使えるぐらいの経済理論をつくれる人が出てくれば、これは破裂《はれつ》するのは、ほぼ確実だわなあ。

だから、後れを取ってる日本が、生き残る可能性は高い。

質問者B　逆にですね。

長谷川慶太郎　黒田さんが年を取ってるために、「仮想通貨って、そんなのあるわけないじゃないか」と思ってる。もう、七十九歳《さい》までやろうかっていう日銀総裁が、「こんなのあるわけないじゃない。個人で発明できるんでしょ」って言って。

誰《だれ》がつくったか分からないようなものが、十万円で発売したら、それが、もう何百万円にもなってね。それで、また元へ戻《もど》して、十万円が百十万円に戻ったとか、こんなような動きをしてるやつに投機して、儲《もう》けたり損したりしてやってる経済だろう？　こんなの信じられないですよ、七十代なんて。ありえねえ。

質問者B　オランダの「チューリップバブル」など、今までのバブルと基本は同じということでしょうか。

長谷川慶太郎　そうそう。一緒《いっしょ》。基本は一緒だ。
チューリップでも、まだ実体はあるけどね。チューリップっていう実体は、まだあるけども、これは、それよりさらに実体がない〝幽霊《ゆうれい》経済〟だから。まあ、私も幽霊だから。
君たちも、そう言われてはいるんだけど、ずいぶん昔から。竹村《たけむら》さんが言った、竹村健一《けんいち》さんが生きてたときにさあ、「シンボル・アナリスト」とか言って、君ら、目に見えない霊界《れいかい》の情報を操《あやつ》ることで経済をつくってると言われて。この「霊界マーケット」をつくったのは君たちじゃない？　だから、まあ、先駆者《せんくしゃ》なんかもしらんけど。もしかしたら、先駆者かもしらんけども。

もしかしたら霊界がないと思ってる人は、日本は七割はいるわけだから、ほぼ。だから、「〝ない〟霊界から、〝ある〟ように、長谷川慶太郎なるこういう人格をつくって、本を出して、それで売る」っていうのは、これは、ヤフーやアップルと、何がいったい違《ちが》うんだ、全然分からんって。アマゾンと何が違うんだっていうような。

まあ、そう言やあ、そうなんだけどね。

アメリカと日本で分かれそうな「コロナ第二波」への対応

質問者B　そうした、「そこに、まさに価値が存在している」というあたりの話は、また少し後半のほうで、ぜひ、お伺《うかが》いしようと思うのですが。

長谷川慶太郎　置いといて。

質問者B　ええ。少し、実体経済のほうに話を戻しまして。今、例えば、新型コロナウィルスの第二波が世界的に来たとしても、トランプ大統領は、「絶対にロックダウンはやりません」と、頑張《がんば》って言っています。

長谷川慶太郎　偉《えら》い！　トランプ偉い！

いや、第二波が来てもね、死ぬのはさあ、ヒスパニックの不法移民とかさあ、不法労働者、および黒人のなかの暴動を起こしてる悪いやつらが先に死ぬからさあ。トランプは知ってるんだよ。そのへんが一掃《いっそう》される分には、アメリカも健全になると思ってるんだよ。あれ、絶対にそうだよ。

質問者B　トランプ大統領は、何とか踏《ふ》ん張ろうと思っています。少なくとも、大統領に関しては、それは明確なのですけれども。

片や、日本を見ると、日本に本当に第二波が来たときに、安倍首相は、そこのところをどうするつもりなのか。考えていないというのが答えなのかもしれませんが、そこのところに関しては、どう読まれるでしょうか。あるいは、どうあるべきでしょうか。

長谷川慶太郎　まあ、「アベノマスク新型！」というのが、次、出されるのかもしれないけどねえ。ハッハッハッハッハッハッ（笑）。実体経済だ。マスクを売ればいいんだから、物があるわな。

日本は第二波が来たらどうなるかって？　まあ、ちょっとは慣れは来てるが、「ああ、またかよ」って感じだろうから。空襲《くうしゅう》サイレンが鳴って、防空壕《ごう》に入る感じを繰《く》り返すことにはなるわなあ。

ただ、貿易関係の会社は、全部ちょっと危ないわねえ、これから先は。いやあ、防護服を着て海外の行き来は、ビジネスマンはもうできませんよ。観光も、やっぱりできませんから。海外で流行《はや》りまくってるうちは、日本だけが流行ってなくても、やっぱり経済は成り立たないんで。国内だけになっちゃうね。

だから、「第二波が来たらどうなるか」か。

もう、いないだろ？　安倍も小池《こいけ》も。いなくなってるよ。小池は途中《とちゅう》で降板だよ。第二期当選はするんだろうけど、降板すると思うよ。〝舛添《ますぞえ》と猪瀬《いのせ》の呪《のろ》い〟が残ってるからさあ。二人の呪い、「途中で辞《や》めろ〜、辞めろ〜」って呪いがかかってるから、コロナで沈《しず》められたら、まあ、みんな満足すると思うよ。

日本のマスコミの「最大のウィークポイント」とは

質問者B　おそらく、ポイントは、休業要請《ようせい》をまた出すのかどうかというところです。「休業要請」のところと、いわゆる「営業補償《ほしょう》」のところが、今の日本の構造ではセットになっていますので。

休業要請を出して営業補償になると、「また赤字公債《こうさい》をやるのですか」という話にいくのですが、そこのところはいかがでしょうか。

長谷川慶太郎　貯金がなくなったら、そりゃあ、やるわな。

まあ、政府はもう貯金がない……、もともとないけど、地方自治体は黒字のところが幾《いく》つかあって、東京都も優秀《ゆうしゅう》な黒字団体だわな。これ、小池が一人で使ってくれたっていう（笑）。まあ、「経済」というか、「経営」が分からないことは明らかに分かるわな。

だけど、「経営が分からない」ということが、マスコミの人には分からない。マスコミ人は、これが分からない。経営が分かるマスコミ人はいないから。

日経新聞の記者でさえ、株をやったら確実に間違うぐらいの人で、経営はできませんから。経営ができるなら、日経の記者を天下《あまくだ》りさせて、いろんな会社の社長に据《す》えたらいいわけで。できやしないいんだよ。

だから、記事を書くような人はできないんで。極端化《きょくたん》して、何かを追及《ついきゅう》して売上をあげるっていうことしか考えがないんで、経営はできない。

だから、マスコミの最大のポイントは、経営ができないところがね、彼らのウィークポイントなんだよ。経営ができないから、国家の財政学が分からないし、地方公共団体の財政が分からないんで。

東京都の「一兆円黒字」を〝真《ま》っ赤《か》っ赤《か》〟にしかねない小池《こいけ》都政

長谷川慶太郎　小池《こいけ》がやった、この程度の、要するに、五千何百人ぐらい東京で感染者《かんせんしゃ》が出て、何百人かぐらい死んだかっていう……、もうちょっと死んだのかな？　何百人かな？　何百人だな。死んだぐらいで、一兆円貯《た》めてきた「黒字」、地方公共団体のこれを〝真《ま》っ赤《か》っ赤《か》〟にするんだろ？　これは、消費税をまた上げなあかんわなあ。

消費税を上げたら、半分ぐらいは地方に入るからね。消費税上げのニーズは出てくるし。

でなければ、山本太郎《やまもとたろう》的にね、あれは東京都で赤字公債だよなあ？　発行して、それでみんなにばら撒《ま》くっていう言い方だな、第二波には。〝第二波公債〟〝第三波公債〟を出せば、金は集まる。

質問者B　それは、もし本当にやるとなると、明らかに亡国の道になります。

長谷川慶太郎　亡国だよ。

質問者B　ちょっと何とかしないといけないのですが……。

長谷川慶太郎　亡国だよ。自分らが政権にいる間はいいんで、亡国だよ。亡国は亡国だけど、当選しないよりいいじゃないかということだよな。

質問者B　ええ。安倍首相も、そのころには自分はいないから、おそらく、もう考えてはいないと思います。

長谷川慶太郎　それは、いないのは分かってるよ。

質問者B　たぶん、そういうことかなと思うのですけれども。

長谷川慶太郎　第二波の始末までは、自分の責任じゃないと思っていると思うよ。それは次の人が……。誰がやってくれるのかって、今、一生懸命《いっしょうけんめい》、焼けた石を投げ合ってる感じで、誰がそれを持つんだっていうのを、今、やってるところだと思う。

日銀総裁がＭＭＴに反対する理由

質問者Ａ　最近のトピックでは、ＭＭＴ（現代貨幣《かへい》理論）というのが、けっこう流行っていますが、これは少しどうなのだろうというところがあります。エコノミストの視点から見て、これは理論的にはどうなのでしょうか。

長谷川慶太郎　いやあ、まあ、ある意味ではね、〝一切皆空《いっさいかいくう》〟の世界で。

一切は、これは「空《くう》」なのだ。だから、実体があるように見えてね、実際はないんだと。この世はすべて「空」なんだと。ああいう仏教の理論を経済化すれば、そういう実体経済なるものは本当はないんだと。だから、全部「幻想《げんそう》」なんだ。幻想をどこまで認めるかだけの問題なんで。幻想は幻想として、この世にはあるように見えるんだと言えば、何でもありなんだけどね。

だけど、そこに、一切皆空のなかに、倫理《りんり》観が要《い》るか要らないかの問題だろうねえ。

MMTの理論は、まあ、難しくて分からない人が……。「モダン・マネタリー・セオリー」といって、自国通貨で自国の、日本なら円だね、円建てで国債を発行して、いくら借金しても、これが……。要するに、ドル建てだったら他国への債務になるからね。「円建てで出すかぎり、いくらでも出せて、それが過度なインフレに至らない範囲《はんい》内では、いくらでも借金しても大丈夫《だいじょうぶ》」という、まあ、こういう考えだわな、たぶんね。

だけど、日銀総裁がそれに反対するのは、そりゃあ、根拠、「信用」というものを考えとらんっていうことですね。経済は信用があってのもので。

もしね、あなた（質問者A）個人が一億円を持ってるっていうなら、あなたが約束手形を出そうが、小切手を出そうが、あるいは、あなたの名前が入ったレター用紙に、「お金を幾らあげます」とか「借ります」とか書いてあって、あなたが一億円を持っているのなら、その一億円の範囲内で信用があるわな。だから、その約束が成り立つ。

ただ、一億円の貯金を持ってるのにさあ、あなたが「一兆円の借金をしたい」と言って、「ああ、いいですよ」って、もし向こうが言うなら、相手はもう地獄《じごく》の底に堕《お》ちるのは確実だろう？

質問者A　はい。

長谷川慶太郎　まあ、「信用」っていうのはそういうものだよ。

だけど、一億円しかキャッシュは持ってないし、預金はないが、自宅は大豪邸《だいごうてい》で、ものすごい資産家の息子《むすこ》で、「土地と建物とを全部売ったら、そりゃあ、一兆円じゃ済まないだろう」っていうのが後ろにあれば、一兆円だって、場合によっては、契約《けいやく》の仕方によっては、銀行は融資《ゆうし》してくれるか、個人でも金を出してくれる可能性はあるわな。これが「信用」っていうものだよな。

だから、いざというときに取りはぐれることがあってはならんと。金の貸し借りに関してはそういうことだな。

だけど、いちおう、公債・国債を出す以上、それは償還《しょうかん》しなきゃいけないわけで。まあ、国民から金を借りるわけですよね、要するに、出して。

借りたら、それは返さないといけないわけなんで。返さなきゃいけないっていうときに、それに信用の裏づけがあるかどうかの問題は、基本的には、それはなければいけないわけね。

だから、「国の体力」だろうし。日本の甘《あま》えは、「国に体力がなくても、国民は金持ちだ」というところが裏づけのところだよね。これで国民は金を持ってるから、最後は、国民は国を救うことができる。〝徳政令〟により、救うことができる。これは〝最終防波堤《ぼうはてい》〟だよな。

国民経済を「死滅《しめつ》」させることができる政府の休業要請《ようせい》

長谷川慶太郎　今回のコロナの問題は、休業要請《ようせい》ということで、「国民の経済活動をゼロにすることができる」っていうことを証明してしまったことだよな。

だから、政府は、憲法も法律もいじることなく、国民経済を完全に「死滅《しめつ》」させることができることを、今回、実証してしまった。これは、民主主義の国家なんていっても、いつでも専制独裁国家になれることを示した。もし一年間やられたら、ほぼ「死滅」でしょう。生き延びているのはどこかっていうところだね。

君らだって、生き延びられるかどうか分からないよ。君らを支えている大黒天企業《だいこくてんきぎょう》たちも潰《つぶ》れているかもしれないからね。それは分からない。

だから、やっぱり、「信用の問題」の、あくまでも探究になるけどね。

「今、出しても大丈夫だ」っていうのは、国民が金を持ってるから、最後はそこが諦《あきら》めればいいっていうことだろうと思うんだけどね。

「そこが諦めればいい」ってのは、どういうことかっていうと、「国民の貯金はまだある」っていうことなんだよ、貯金が。だから、その貯金を、税金をかけて取れば、要するに、いけるってことなんだよ。

質問者B　要するに、そこが隠《かく》れた信用で、実はそれでやっているということなんですね。

長谷川慶太郎　そう！　これが信用なんだよ。実は、「MMTをやれる」って言っている理由は、国民の貯金に税金をかけて、例えば、五十パーセント取ればさあ、「一千万円以上の貯金を持っている人の五十パーセントは税金で頂きます」と言ったら、たちまちお金ができてくるもんな。だから、まだ何百兆円かはいけると、本当は見ているんだと思う。本当はね。

だけど、限界はあるよ、やっぱりね。それと、まあ……、暴動もあるかもしれないね（笑）。

質問者Ｂ　はい。あると思いますね。

長谷川慶太郎　うーん。やっぱり、「それは、共産党でもやらんようなことだ」って言うかもしれないからねえ、もしかしたら。

マスコミの報道姿勢も、どこかで反作用を受ける

質問者Ｃ　政府の政策も信頼《しんらい》できないということになってきますと、企業としては、何とか自活の道を探《さぐ》らなくてはいけないということになろうかと思います。

これからもコロナ禍《か》の状況で、「ヒト・モノ・カネ・情報」などの経営資源の動きがストップしてしまうことが想定されますが、今後を見据えて、各企業はどのようなことを考えて、生き筋《すじ》を見いだしていけばよいのでしょうか。

長谷川慶太郎　まあ、作用・反作用を経験すると思うんだよ。マスコミとかでも、「新幹線の乗車率がゼロパーセントになった」とか言って喜んだり、「十パーセントです」とか喜んだり、「外国からは入《い》れない」だとかやっているうちに経済が死滅してきたら、自分のところもどんどん、新聞を取ったりする人がいなかったり、コマーシャルをしてもモノが売れなくなったりしていったら首が絞《し》まってくるから、どこかで反作用は受けることになるんだろうと思うけどね。

そうだねえ、だから、経済分野でちょっと、〝教祖〟が必要にはなってはきてるねえ、うーん。

「人の温《ぬく》もりのある経済学」対「幻惑《げんわく》の経済学」

質問者B　先ほどのお話は、結局、「新しい価値の創造」をどう為《な》すのかというところに、結論は行くと思うのです。この状況では、貿易もできなくなり、投資もできなくなるので、今まで「3密」を前提にしていた近代経済が、「3密」のところだけで価値を創造しようとすると、どうもコロナウィルスに食われていってしまうらしいという状況になってきたわけですよね。

そのときに、「では、何をもって価値を創造したらいいのか」ということなのですが、それは、先ほどの霊言《れいげん》等の話も多少絡《から》むとは思うのですけれども、そのあたりはいかがでしょうか。

長谷川慶太郎　いや、もう今、戦いはですねえ、大川隆法総裁の「霊界から引っ張ってくる価値」なるものが実在するのか。それとも、ホリエモンみたいな、「木《こ》の葉を金貨に変えるタヌキの経営術」みたいなのでいくか。まあ、あとはもう、「出たとこ勝負でやるか」ぐらいになってきてはいると思うんだよね。

安倍さんも、もう分からんから、百兆も二百兆も変われへんのだ、彼にとっては。もう、何でもいいことになってるから。

さあ、何が起きるかだねえ。

いや、でも本当に、ホリエモン君は、大川総裁が、「検察にやられるだろう」なんていうことを言ったから、都知事選に立候補しなかった。逃《に》げた。直前回避《かいひ》したみたいだから。逆を言って、「ぜひ総理大臣を目指すべきだ」と言っておいてやったほうがいいよ。

そうしたら、彼は「幻惑《げんわく》の経済学」をつくってくれるから。「お金なんていくらでもつくれる。回転さえしとれば、経済は大きくなる」っていうふうな、「洗濯機《せんたくき》の経済学」みたいなのをつくってくれるよ、きっと。だいたいそうだから、今の経済は。

質問者B　「回転さえしていればいい」ということになりますと、最終的には、孫《そん》正義《まさよし》氏の世界と変わらなくなってしまいますので。

長谷川慶太郎　ああ、あそこも一緒だよな。だから、孫正義を総理大臣にする手もあるな。

質問者B　（笑）

長谷川慶太郎　うん。そうしたら、彼がもってる間だけは、日本経済はもつだろうね。まあ、そのあとは知らん。

まあ、「日本株式会社を経営してみないか」と言ったら、もう、巨大《きょだい》な借金の、巨大経済を起こす可能性があるわな。

だから、今度、「国民が、あんな寝《ね》かした貯金をいっぱい持ってるなんて、もったいないじゃないですか。もう貯金というかたちはやめましょう。全部国債に変えましょう」と。国民には、貯金をしたら全部、国債をその分だけ渡《わた》すということで、全部、キャッシュは国が集めて巨大な経済帝国《ていこく》をそこにつくり上げることだって、まあ、可能ではあるね。それで何をするかが問題だけどね。そのあとはね。

質問者B　過日、総裁先生から、新しい経済学の最初の一歩というか、入り口として、「人の温《ぬく》もりのある経済」とか、あるいは、「人間の顔をした経済学」というかたちで、実は、価値が創造されていく部分があるんだというお話がありました。

長谷川慶太郎　ああ、それはもう、アフターコロナだね。「アフターコロナの経済学」だよ。もう、いったん崩壊するのを見通した上での経済学で。

だから、今はバブル経済がこれから……。まあ、時差があるから。総裁が言うことと現実に起きることに時差がちょっとあるので。現実にはこれから、今、「幻惑の経済学」っていうか、そういうふうな「幻想の経済学」？　何かを膨らましてつくればいいじゃないかと。ビットコイン以上のものがいっぱいつくれるし。

ハイエク流に言えばね、貨幣なんて、そんなもの、中央銀行が出さなきゃいけないものじゃなくて、個人が出したって、ほかの銀行が出したって、どこだって貨幣ですので。貨幣はもう、商品にしかすぎないんだと、極論すれば。ハイエクは、そういうことやから。貨幣だって商品なんだっていうことやな。

だから、日銀が二十円ぐらいの原価でつくったやつを〝一万円の商品〟として流通しているわけなんだよな？　あれは商品なんで。商品価値が一万円と、みな認めるかぎりはもっているわけだけど。

だから、貨幣は商品だということで、民間でもつくれると。個人でもつくれると。ビットコイン風のものなら個人でもつくれるということだから。

崩壊《ほうかい》した経済を立て直すのは二宮尊徳《にのみやそんとく》型の経済学

長谷川慶太郎　まあ、そういう経済は、ちょっとしばらく、何かいろいろ、雲霞《うんか》のごとく起きてくるとは思うが、ことごとく、おそらくは〝ハリケーン〟に呑《の》み込《こ》まれて吹《ふ》っ飛んでいくと思うよ。

そのあと出てくるのは何かというと、「二宮尊徳型《にのみやそんとく》」しか、もうないんですよ。だから、汗水《あせみず》流したものに価値を認めるという、ごく真っ当な考え方と、もう一つは、やっぱり、今、「人を避《さ》ける経済学」を一生懸命、立てられるかどうか。

それは、「人を避ける経済学は何か」っていうと、全部コンピュータを通してやるしかない。遠隔《えんかく》かつコンピュータ上だけでの経済しかありえない。この方向へ行こうとしているんだろう。そうしたら、人間が要らなくなるんだ、これは。最終的には。これをいじってるのも、最後、ロボットになってくるから。

「人間はいったいどこにいるの?」「地下に隠れてます」ということになるよね。だから、いちおう、そんな、いろんなことを起こすと思うけど、崩壊《ほうかい》はする。確実に崩壊するので。

そのあとは、やっぱり、「人対人の関係」と、「実際に、汗を流して働いたものこそ本物の価値」という〝当たり前の経済学〟に、もう一回戻るはずです。それを総裁は言っているので。

質問者B　そうしますと、そこに行くまでに、やはり、一回、崩壊を覚悟《かくご》するというところですね。

長谷川慶太郎　崩壊する。崩壊はする。だから、どこから崩壊するかが、まだ、崩壊のシミュレーションができないから。

質問者B　その前に、あの手この手で、いわゆる膨らましがあるけれども、それは、ことごとく消えていくだろう、敗れていくだろうと。

5　国内外のさまざまな問題について訊《き》く

政治・経済における米中「相討《あいう》ち」の可能性

長谷川慶太郎　まあ、いやあ、ある意味では、アメリカと中国とは背中合わせで、何て言うのかなあ、うーん……、十歩歩いて振《ふ》り向きざまに撃《う》ち合う、カウボーイの決闘《けっとう》、西部の決闘、白昼の決闘だよね、今なあ。

だから、両方ともそんな感じで、今やってるんで。どっちの弾《たま》が当たるか。両方当たる可能性も、まあ、あるわけだけども（笑）。

質問者B　確かに、経済的には「相討《あいう》ち」はありえるかもしれないと。

長谷川慶太郎　ありうる。「相討ち」はありえる。

質問者B　それは、覚悟《かくご》はしているんです。経済的には、相討ちはありえるシナリオは、あるとは思っているんですけれども、政治的な相討ちは、できれば避《さ》けたいなというところはあります。

長谷川慶太郎　ああ……。

質問者B　経済は、もしかしたら、アメリカ経済もいろいろと罪つくりなところもあったとは思いますので、その〝カルマの清算〟で相討ちはありうると思うのですけれども、政治のほうに関しては、いわゆる独裁国家体制のことや、香港《ホンコン》の未来など、今いろいろと問題がありますので、できれば、相討ちは避けたいというのはあります。

長谷川慶太郎　いやあ、河野太郎《こうのたろう》とかいう〝優秀《ゆうしゅう》な〟防衛大臣が、南北朝鮮《ちょうせん》が緊《きん》迫《ぱく》化するときに、「イージス・アショアは撤退《てったい》ー！」とか言っているから。どうせ、あんな防衛も、こけおどしの防衛であることは分かってはいるんだけど。まあ、何を言うとるか分からんような人も、ときどき出てくるし。安倍《あべ》さんは、もう腹は決まってるんだと思うんだよ。もう、憲法も法律も変えずにやっちゃおうと思って、もう……。たぶんそうだろうと思う。いや、緊急事態を宣言すりゃあできるんだよ、何だって。な？　アッハッハッハッハハハハ（笑）。

緊迫《きんぱく》する南北朝鮮《ちょうせん》と中国の運命とは

質問者Ａ　最近の朝鮮《ちょうせん》半島では、金与正《キムヨジョン》さんの動向が目立ってきています。

長谷川慶太郎　ああ、そうだよな。

質問者A　この間、開城《ケソン》の南北共同連絡《れんらく》事務所を突然《とつぜん》、爆破《ばくは》したりして、かなりアグレッシブになっています。米朝会談以降の流れで、何か変化を感じられていますでしょうか。どのようにご覧になりますでしょうか。

長谷川慶太郎　うん。まあ、韓国《かんこく》の、あのおめでたい大統領が、「南北雪解けで、共に発展しよう!」みたいな感じで言っているのを、向こうから嫌《いや》がっているんで。

まあ、あちらから言わせればね、北から言わせればさ、経済制裁を続けながら、そんな融和《ゆうわ》だって言ったって、そんなもの信じられんということで、「ドルを持ってくるなり、食料を届けるなり、何か現物を持ってきてから言え」っていう、まあ、そういうことだろうなあ。きれいごとだけで言うてるっていう。

だけど、コロナのおかげでさ、あそこも……。まあ、北朝鮮のコロナ感染者《かんせんしゃ》はゼロなんでしょ？　いちおう。みんなマスクはかけているけど、ゼロで。中国とロシアのパイプのところを完全に、今、止めないと、入ってくるから危ないというところで。あと、南のほうと切ってしまえば、コロナは入ってこなくなるけど、まあ、飢《う》え死にはしていくっていうことだよな。

だから、飢え死にするから、まあ、反乱が起きるのを、すごい強硬《きょうこう》な路線を見せて押《お》さえ込《こ》むか、でなければ、何かを取りに行くしかもう方法はないわねえ。だから、南に対する恫喝《どうかつ》外交？　本当に、気が狂《くる》ったふりして、一部攻撃《こうげき》なんかして、貢《みつ》ぎ物をよこせっていう。そういうことをする可能性はあるやろうねえ。

それから、日本にも、まあ、言うかもしれないけどな。

質問者B　北朝鮮に関しては、アメリカが中国のところに決着をつければ、自動的に北朝鮮のほうも解決はついていくだろうという、そういう大きな流れのなかでは、ある種の想定はしてはいたんですけれども、仮に、そのあたりに少し不透明感《ふとうめい》が出てくるとした場合には、北朝鮮のところは、現実的にどう捉《とら》えておいたらいいのか、何かご指南いただけましたら。

長谷川慶太郎　うーん……。いやあ、「北朝鮮の運命」は、ある意味でね、規模はだいぶ違《ちが》うけど、「中国の運命」だと私は思うんだよ。なぞってるように見えるよ。

結局、中国が、ああなっていくんでないかなあと思うし、大川総裁が追い込んでいるのも、まあ、そういうことなんだろうと思うんですよ。北朝鮮みたいに、中国を今、追い込んでいこうとしているので。

そして、経済のシステムが働かないようにして、人権問題をクローズアップさせて、まあ、世界から非難と干し上げが来て、中国が成り立たなくなるという。それで、もうちょっと民主化を進めようという流れなんだと、まあ、思うんだけど。

これは、マージャンなら、やる人は四人いるけれども、今、四人ぐらいはプレーヤーがいる感じはするから。「アメリカ」「中国」「日本」、それから、まあ、「イギリス」か「EU」も入るかもしれないけども、四人以上はプレーヤーがいるとは思うんで。

じゃあ、中国が困ったときに、どこが助けるのかということだよねえ。いちばん、今、狙《ねら》ってるのは、それは日本だと思うんだよ。

日本の〝妖怪《ようかい》幹事長〟がいるじゃないか。ね？　あれが親中派で、名誉《めいよ》博士号を何か……。あれは習近平《しゅうきんぺい》が卒業してる大学か？　名誉博士号か何かを頂いて、何を博士してるのか知らんけどね。名誉……、何、〝錬金術師《れんきんじゅつし》〟としてのあれかもしらんけどねえ。

「検察 対 政府」の本丸は「桜を見る会」

長谷川慶太郎　まあ、でも、今は検察が検事長を替《か》えて、新しい、林眞琴《はやしまこと》にして、実績をあげようとして焦《あせ》ってて、前法務大臣のところに逮捕《たいほ》にもう入って、あれ、蓋《ふた》を開《あ》けてみると、全部、もしかして、地引き網《あみ》みたいに引っ掛《か》かる可能性があるので。金の出所《でどころ》を探《さぐ》っていけばね。

質問者B　そうですね。

長谷川慶太郎　結局、安倍さんが使った金が、どういうふうに使ったか、全部これ出てきたら、すべての〝買収システム〟が明らかになる可能性が、今、出てきているんで。

そうすると、また辞《や》めさせたくなるだろうけどねえ。自殺してほしいだろうねえ。あの検事長ね、どこかのビルから飛び降りるかもよ。ほんの、特殊《とくしゅ》部隊二、三人いれば、十分できることだからね。どこかで飛び降り……、責任を感じて自殺するかもしれないけどもね。

そういう手は使うから、政府でも。まあ、このへんの戦いだと思うけど、どこまでやる気かによって、その本音がバレたら、「ここまでやるんだったら、やる」と。

いちばん危ないのは、本丸は、それは「桜の会」だから。あれをやられたら、もう終わりだよ。本当に終わりなんで。だけど、うーん……、証拠《しょうこ》は、かなりのところまで、もう見えてるようではあるので。

質問者B　そうですね。

長谷川慶太郎　やるかやらないか、これ、胆力《たんりょく》の問題なんですよ。

これから「日本の民主主義の腐敗《ふはい》」が明らかになってくる

質問者B　「桜を見る会」もそうですが、今回の前法相夫妻の件も、あのピラミッドをずっと辿《たど》っていって、出元の一億五千万円まで行くと、もうほとんど直結しているように思いますから。

長谷川慶太郎　もう、あと、どこまで行くかね。やっぱり、「総理が金をどう使ったか」っていうのを、全部、挙げていったら、自動的に崩壊《ほうかい》はする。崩壊したあとはどうなるか。これまた、国内問題になるけど、いや、厳しいだろうねえ。

でも、そういう、国民からの税金でできてる金をさ、自分らが選挙で勝つためだけに撒《ま》き続けていた、そういうシステム？　これは田中角栄《たなかかくえい》だけで終わっていなかったっていうこと、現実は。ずっと別のかたちで続いてたってことが見えるからさ。与党の時代の民主党だって、それはやってるからさ。同じく、やってはいるので。このへん、検察万能《ばんのう》主義になったら、全部、今度は蓋が開いてきてさ。賭《か》けマージャンどころじゃないですよ。そんな、もう全部、蓋が開いてくるんで。そうすると、官邸《かんてい》危機だけで済むか、官僚《かんりょう》機構まで全部いくかもしれないし。

こういうときに、例えば、MMTみたいな感じで、いくらでも借金して撒けばいいみたいなので、要するに〝国民買収〟でしょ？　〝買収〟するから黙《だま》ってろっていうことですけども。

いや、それはおかしいっていう。それはおかしい。ねえ？　国民の金を巻き上げてまで、やらないといかんものではないので。「自分らが身を正すべき」っていうの、これが基本路線だわな。これも、二宮尊徳《にのみやそんとく》的に言えば、そういうところでしょうか。上が身を正さないで、そんな、下にだけ押しつけるっていうのはおかしい話だわな。

だから、まあ、韓国も腐敗《ふはい》してるけども、日本の民主主義も腐敗してるんでないかっていうことが、これから明らかになってくると思うんだよね。

危機の時代だからこそ「救世主再臨《さいりん》」の意味がある

長谷川慶太郎　そういうときに、やっぱりね、君らのところは、なるべくクリーンでなければいけないとは思うよ。クリーンであれば、チャンスはあると思うよ。うん、本当に。だから、そのへんの護《まも》りをしっかりしておいたほうがいいとは思うけどね。

マスコミはね、いやあ、マスコミも危機は迫《せま》ってるんだけど、まだよく分かってないところがあるんで。落城前でも、一生懸命《いっしょうけんめい》、外に攻撃をかけてるつもりだからさ。日本もガラガラポンが来るかな？　まあ、来るかもしれないね。

質問者B　今のお話ですと、かなり大変な時代に突入していくんだなという。

長谷川慶太郎　そうですよ。「ガラガラポンの時代」なんですよ。だから、これが、君たちの言う「ゴールデン・エイジ」なんだよ。「ガラガラポンの時代」なんだよ。これが「黙示録《もくしろく》の時代」なんだよ。しょうがないんだよ。それはねえ、何も起きなかったらさあ、別に現状維持《いじ》でいいんだから。そんな時代は要《い》らないんで。

本当はガラガラポンで、危機で、暗黒にも見えて、お先真っ暗に見えるんだけど、だからこそ、「救世主再臨《さいりん》」の意味があるので。そこに光が必要になるので。

これについては、あんまり明かしちゃいけないんだろうとは思うけどね。まだ、あんまり知識を与《あた》えすぎると、ストーリーが一部見えるから、明かしてはいけないんだとは思うけどさ。

だから、幸福実現党とか、今、〝お通夜《つや》〟をやっとるんやろうと思うが。おそらくは〝お通夜状態〟だろうと思うけど、「いやあ、仕事してくれないのがいちばん効果的なんや」とか言われると、本当に困るだろうとは思うけど。

今、同じ土俵《どひょう》の上で戦っても、無駄《むだ》ではあると思うので。このシステムを、やっぱり崩壊させなきゃいけないとは思うんですね。だから、言論はいいと思うよ。言論はしっかりやったらいいと思うけど、この〝巨大《きょだい》買収帝国《ていこく》〟も、ある意味での終わりは来るだろうとは思うね。

6　コロナ禍《か》に込《こ》められた天意と近未来予測

「日本にイナゴが攻《せ》めてきたら、どうするの？」

質問者Ｂ　そうなりますと、「ほぼすべての分野にわたって、崩壊《ほうかい》が起きてくる」というのが、今のお話の印象なのですけれども。

そこに当たって、今の政党の部分と多少絡《から》むかもしれませんが、いずれにしても、そうした崩壊が終わって、「アフターコロナの時代」に入ったときに、そこでベースになるのは、先ほどおっしゃっていた「自助論」だと思います。そのプロセスのなかではいろいろな誘惑《ゆうわく》もありはするけれども、やはり、自助論で押《お》していったものが、最後は「新しい繁栄《はんえい》の時代」を迎《むか》えるのだというところを、「ザ・リバティ」の次の号でもやろうかと思っているんですけれども。

そのあたりの、国民への「説得」あるいは「啓蒙《けいもう》」についてはいかがでしょうか。

長谷川慶太郎　今の時代は、「自助論」を言っても票は入らないからね。票は入らないよ、残念ながらな。

だから、テレビでいっぱい映してるんだけどさ。「店が潰《つぶ》れる、潰れる」と言って、いっぱい映してるんだけど、だって禁止されてるから、営業できない。ね？　客は来ない。で、補助金を待ってる。こんなの続けたって、何にも救いが来るわけがないのは、もう分かってることだわなあ。でも、違法《いほう》操業みたいに見えるからね。だから、そうだね……。

でも、コロナ以外もあるから。例えば、〝イナゴの主宰神《しゅさいしん》〟が、「日本まで行ってもいいか」って、問い合わせが来てたからさ。一日に百五十キロ飛ぶので、島伝《しまづた》いなら行けるのかな、よく知らんけど。

だから、イナゴの場合はどうするの？　シミュレーションできるのか、「リバテイ」は。イナゴが攻《せ》めてきたときは、何したらいいんだい？「みんなで網《あみ》を一個ずつ、一人ずつ持って、学校の行き帰りも獲《と》りましょう」っていう感じか？

「コロナ禍」と「バッタ被害《ひがい》」が同時発生していることの意味

質問者B　日本列島まで来るのは、まだ、そこまでシミュレーションしていないんですが、実際、今、南米のほうのアルゼンチンにも何か、バッタが四千万匹《びき》発生したらしいので。

長谷川慶太郎　そうだね。発生してるね。

質問者B　そうすると、国際的な穀物市場《しじょう》は、これから、確かに厳しくなってくるなという感じはあるかと思います。

長谷川慶太郎　大変なことになるよ。大変なことになる。ブラジルあたりにも広がってるとは思う。アルゼンチンから広がってるけど、パラグアイあたりから発生してるやつだよね。

「片方は、アフリカのケニアあたりを中心に発生したやつが飛んできてるのが、今度は別の大陸でも発生してる」っていうのは、これ、「同時に発生する」っていうのは、やっぱりおかしいから、これもまた、もう一つ「別の天意」が働いてるとしか思えんわな。わざわざ、嫌《いや》なときに嫌なことが重なってきてるっていうことでしょう?

だから、コロナで殺して、さらに、出られないようにして、さらに、食料を減らしていく。だから、人類の、これは、ある程度「削減《さくげん》計画」があるとしか思えないですよね、これを見たらね。

でなければ、「気づけ」ということだろうねえ。「天意に気づけ」ということを言っているということだろうねえ。それは、あなたがたから発信は出てるけど、今のところ、日本のマスコミや日本人も気づかないし、外国も一緒《いっしょ》だろう？　もし気づいていれば、国際本部なんてのは、もっと楽に、〝こりゃこりゃ〟してるだろうけどね。

アメリカやヨーロッパのコロナ禍に込《こ》められた天意

長谷川慶太郎　それはアメリカだって、でも、ちょっと弱らないとさ、「日本発の世界宗教」なんて、そんな簡単に受け入れるはずないじゃない。

質問者B　そうですね。ちょっと、そこの裏腹がありますので、何とも言えないところは、確かにあることはあるんですが。

長谷川慶太郎　そうなんだよ。だから、最強でさ、キリスト教で、それでもう間に合ってるんだったら、別に要《い》らないもんな。それは、多少痛まないといけない面はあるわな。

ヨーロッパも一緒だよな。「日本なんかに折伏《しゃくぶく》されてたまるか」と思ってるよな。だから、それは、多少痛まなきゃいけない部分はあるけど。

まあ、アフリカとか南米ぐらいだったら、日本に多少ついてくるかもしらんけどな。あと、中国以外のアジアの部分ぐらいは、ついてくるかもしれないけど。もしかしたら、生き残ってるのはそこだけかもしれない時代も来るんでなあ。

「長谷川慶太郎で言っていいこと」には限界がある

長谷川慶太郎　だから、ちょっとこれ、神仕組みは、全部私が言っちゃあいけないね。そういう立場にないらしい、まだ。「もうちょっと偉《えら》くならないと言っちゃいけない」と、上から言う人がいるので。
質問者B　あの、ちょっとすみません。その「上から言っている」というのは……。

長谷川慶太郎　私が言っていいのは実体経済あたりのことで、それ以上は言っちゃあいけないらしい……。

質問者A　どういった霊界《れいかい》と交流が……。「予言者の霊界」とか、そういうことでしょうか。

長谷川慶太郎　要は、予言者グループは、そらあ〝お上《かみ》〟……。うちにも〝お上〟がいるんだよ。予言者グループはいるけど、私だって、それは、その系譜《けいふ》を引いてはいる者ではあるんだけど、まだ、格がそこまで行ってないんで。

質問者B　そのご指導されている予言者の〝お上〟の方というのは……。もし教えていただけるものであれば……。それは秘密ですか（笑）。

長谷川慶太郎　まだね、霊界で一年たっていないため、言えないんだけど。

質問者B　ええ。分かりました。

長谷川慶太郎　いや、私が霊言《れいげん》しててもね、「私だけが来てる」と思ったら間違いでね。（上のほうを見ながら）もう、この部屋は、倍ぐらい人がいるぐらい密集してて。

質問者B　あっ、そうですか（笑）。

長谷川慶太郎　（両手で×をつくるしぐさをする）とか、こういうのがいっぱい……。

質問者B　ああ、ブロックサインが出るんですね、いっぱい。

長谷川慶太郎　サインがいっぱい出るんでさ。だから、「分《ぶん》に過ぎたことは言うな」っていうのが出るから、「長谷川慶太郎で言っていいこと」で訊《き》いてくれ、なるべく。まだ、そんなに偉くする気はないということらしいから。

質問者A　どういう方ですか。日本の方だけではなく、世界各国のいろいろな霊界の方たちでしょうか。

長谷川慶太郎　まあ、いちおう、幸福の科学に関係のある人たちではあろうけどね、うん。

質問者A　ああ、「指導霊団」ということですか。

長谷川慶太郎　いや、私も言いすぎる気《け》があるからさあ。乗せられると、ツツーッと行ってしまうからさ。

「東京オリンピック」「小池《こいけ》都政」「ポスト安倍《あべ》」の行方《ゆくえ》を見通す

質問者A　今日は、スクープも期待しておりますけれども。

長谷川慶太郎　いや、スクープはないよ。やっぱり、「明治にAさん（の過去世《かこぜ》）が総理大臣になっとりゃ、こんなことにならなかった」っていうぐらいのことでも言うと、スクープか？

質問者A　いえいえ。

長谷川慶太郎　ヘヘヘッヘッヘッヘ（笑）。

質問者Ａ　今の世相のなかで、一歩先か、二歩先ぐらいを見通されていて、そこが、マスコミ的にもいちばんニーズがあるところかと思います。

長谷川慶太郎　なるほど。

質問者Ａ　マスコミは、現在ただいまのことは語っても、次に起きることについては断定できませんので。

長谷川慶太郎　少なくとも、まあ、私ぐらいが言ってもいいと思えることとしては、「来年のオリンピックはない」と思います。

小池《こいけ》さんの任期も、満了《まんりょう》はできない。当選しても、四年はもうできないで、絶対降ろされる。間違いなく〝撃《う》ち落とされ〟ます。

それから、安倍《あべ》さんについては、もう任期は来年かもしれないけども、今、「誰《だれ》に放り投げるか」っていうことを、一生懸命《いっしょうけんめい》、物色してるところです。

実は、誰が受け取っても、もう〝火傷《やけど》〟するのは確実であるので。安倍さん的に、本当は麻生《あそう》さんにやってもらいたいけど、これも十年前と、また、まったく一緒の構図だからねえ。

そうしたら、また幸福実現党が、なんかあれなんじゃないの？ また今度〝幸福未来党〟とか言って立ち上がったりするのと違うのか。だから、これまた、同じパターンだから。また、民主党みたいなのが出てくるといけないから。麻生の人気がちょっと悪いので。

まあ、本当は岸田《きしだ》を立てたいんだろうけど、岸田がこんにゃくみたいにグニャグニャしとるんで、これでもつだろうかっていうところで。

質問者B　そうですね。

長谷川慶太郎　石破人気《いしば》が下馬評《げばひょう》であった関係で、石破は嫌《きら》いで。安倍は石破は嫌いで、「石破がやるぐらいなら、死ぬまで自分がやる」ぐらいの感じなので、決めかねてはいると思うが、おそらく予想するに、うーん……、うーん。やっぱり「岸田 対 石破」の戦いに、最後はなると思うんだ。

小池はウルトラCで総理を狙《ねら》ってるところはあることはあるんだけど、でも、これは潰されると思います。それと同時に、やっぱり、幹事長が終わりになると思いますので。

そうですねえ、まあ、「自民党が与党《よとう》であり続けられるかどうか」までかかってくるんですよ、次の人選びで。「与党であり続けられるかどうか」が、今かかってるので。「誰だったら、与党であり続けられるのか」っていう。「誰か悪いくじを引いたら、また簡単に野党化する可能性がある」っていうことやなあ。

君らは、まあ、誰がやりやすいかはちょっと分からんのやけど、うーん……、どうかねえ。いずれにしても〝生贄《いけにえ》〟だからさ。誰がなっても、生贄は生贄なんで。

7　日本はアジアのリーダーとなれるか

日本がアジアのリーダーになる前に、ドラマがあるかもしれない

質問者A　現在ただいまの状況《じょうきょう》は、少し先が見通しづらいところですが、前回の霊言《れいげん》で長谷川先生がおっしゃられていたのは、「日本はアジアのリーダーになるべきだというのが、私の立場だ」ということでした。そのあたりのシナリオは、どのようなものでしょうか。

長谷川慶太郎　いや、いちおう、そうだと思ってるよ。そうでないとおかしいじゃないですか。

大川隆法総裁が出てきて、三十何年やって、まあ、そういうことでないと、やっ

ぱり困るとは思うよ。だけど、ドラマがあるかもしれないから。
もし、イスラエルみたいになったら大変だけどね。「いったんローマに滅《ほろ》ぼされて、あと、ローマのほうにキリスト教が広がる」みたいな、あんな感じだったらさ、「いったん中国に取られて、中国のなかで幸福の科学が流行《はや》る」みたいな感じになるなら、君ら、大変だな。

ドイツの米軍削減《さくげん》は、東アジア情勢と連動している

質問者A　つい先日のニュースに出ていたことですが、最近、アメリカの駐独《ちゅうどく》大使だった人が、トランプはドイツに駐留している米軍を削減《さくげん》する考えだと言ったとのことです。

長谷川慶太郎　ああ、そうだね。

質問者A　あと、ボルトンの本で、どこまで本当かは分からないのですが、トランプは、在日米軍の駐留経費を今の何倍か負担しろと日本に言ったという話も出ています。
ただ、おそらくトランプであってもなくても、アメリカとしては退《ひ》いていきたいというところも……。

長谷川慶太郎　いやあ、でも、ドイツの九千人の撤兵《てっぺい》は、これはアジアに持ってくるつもりでいるから、完全な撤兵という意味ではないかもしれない。
だから、ロシアと……、ＥＵを護《まも》るためにでしょ？　ロシアと戦うための戦力ですから、あそこにいるのは。その部分を、今、東アジアに持ってこようとしているので、これは完全な撤兵じゃないので。「東アジアのほうが戦争の可能性は高い」と、今、見ているから、こっちに持ってきて。ドイツについてはね、そういうことで。

トランプ大統領が要求する軍事費負担は「用心棒代」

長谷川慶太郎　あと、ボルトンが「日本からもっと金を取れないか」と言われたというのは、それは本当だと思うよ。それは絶対言う、あの人は言うと思うよ、〝商売上〟。

だって、「国を護ってもらってる〝用心棒代〟を出せ」と言っているんだろう？

まあ、当然の権利だよね。彼の発想から見れば、当然のことで。

質問者Ａ　そうすると、今後の日米関係や日米同盟については、戦後の流れとは違《ちが》う視点で考えないと、次の一手にはならないということでしょうか。

長谷川慶太郎　いや、だから、「そんなに高くつくなら、自分で防衛する」って言うかどうかっていう判断、国としての自主的な判断はあるからね。

高いか安いか。アメリカに護ってもらうので、何千億円か払《はら》ってる。それがもっと上がる。アメリカの「軍事経費」は四十何兆円使ってますからね。日本は防衛費が五兆円をやっと超《こ》えたぐらいですから。これを四十何兆円にしたらどうなるかといったら、アメリカと一緒《いっしょ》で財政赤字がどんどこ、もっと進むわね。

日本はまだ債権国《さいけんこく》だからさ、国際的にはねえ。（お金を）取れる。いや、あっちから見てもね……、日本人の政治家から見ても、まだなかから取れると見ているけど、あっちから見ても、まだ日本から取れると見てるんで。その貯《た》まっとるやつを、ちょっと抜《ぬ》いてやろうとしてるのは間違いないね。

だから、憲法改正反対の政党とかが頑張《がんば》れば頑張るほど、あちらのほうの用心棒代は上がってくるっていうことだね。

「謎《なぞ》の飛行物体」への対応で露呈《ろてい》した日本の防空能力の低さ

長谷川慶太郎　この前、「福島か仙台《せんだい》か、あのへんで、気球みたいな、ＵＦＯみたいなのが何か飛んだ」とか言っとったじゃない。「自衛隊も警察も手が出せなかった」っていう。まあ、後《おく》れた国だわなあ。

あれ、もし下手《へた》につついて破裂《はれつ》して、それでウィルスでも撒《ま》かれたら、かなわんし、「サリンだったらどうする」とか、やっぱり思うと、じーっとしてるしかなかったんだろうねえ。

来るのは、だから、空から来るのは可能性が高いと思うよ。ウィルス攻撃《こうげき》だろうと、化学兵器攻撃だろうと、空から来る可能性は高いから。

まあ、露骨《ろこつ》な、何て言うか、原子力の爆弾《ばくだん》やミサイルを使った場合は、完全に大《たい》義名分《ぎめいぶん》が立つんでね、国際的にそこを反撃できるから。分かりにくいやつでやるのが、今、流行り、流行なんだよ。だから、今回のウィルスだって、犯人をどうしても割り出せないからさあ。

だから、あれも、「どこが飛ばしたか分からない」って言うんだろう? 後れてるよな、それが分からないようでは。「いつでも攻撃できる」ってことだよな。

もしかしたら、ただの風船、巨大《きょだい》なバルーンを流しただけかもしれないけど、日本にどの程度の防空能力があるか、あれで調べられた可能性はあるわな。

質問者B　そうですね。

長谷川慶太郎　あのくらいでよければ、北朝鮮《きたちょうせん》でも日本を攻撃できるんですよ。

質問者B　ええ、できますね。

長谷川慶太郎　できるんですよ。ええ、そうなんです。

だから、北朝鮮が、もし毒ガス入りバルーン、もしくは細菌《さいきん》入りバルーンを飛ばして、低い高度で日本に流して、日本に忍《しの》び込《こ》ませた在日がそれを破裂させるようなことをすれば、非常に安い経費でやれなくはないよね。

ちょっとあれは、いちおう、もうちょっと心配すべきだったと思うな、うん。あれは実験されたな。防空能力がないことがバレた。イージス・アショアどころでないよ。簡単な風船玉を飛ばしたって、気象バルーンみたいなものでも、何もできないっていうのがバレたね。

首相官邸《かんてい》の屋上にさあ、ドローンが不時着してても、何カ月も気がつかないぐらいの国だからね、こちらはね。

まあ、首相官邸もガラスでいっぱいできてて、壊《こわ》しやすそうになってるからねえ、いいのかもしれないけどね。

まあ、もうちょっと危機感を持ったほうが、いいことはいいんだけどね。

お立て直しが必要な日本のマスコミ

質問者C　先ほど、「マスコミにも危機がある」とおっしゃられていました。

長谷川慶太郎　うんうん、あるよ。

質問者C　検察についてのお話もありましたが、最近の前東京高検検事長の記事では、「週刊文春」の記者が、ある意味、現場にいた新聞記者もろともネタとして売ったかたちになっており、マスコミ同士で斬《き》り合っているようなところもあります。

長谷川慶太郎　いや、斬り合ってるよ、うん。

質問者C　長谷川先生は、この「マスコミの崩壊《ほうかい》」について、どのような見通しを持っておられるのでしょうか。

長谷川慶太郎　まあ、最後は「瓦版《かわらばん》」まで身を落とすしかねえわな。アッハハハ（笑）、しかたないじゃないか。四ページのタブロイド版で食っていける人しか残れない可能性はあるよね。だいたい同じニュースばかり流しているからね、要《い》らないし。まあ、傲慢《ごうまん》さもあるしね。

都知事選だって、最初から、もう自分らはあれでしょう？　アンケート調査して、もう決まってるんでしょ？　あとは、票読みが当たるかどうかだけ、なかで賭《か》けマージャンの代わりにやってるよ。

集まって、「当社は、誰《だれ》が何票、何票、何票、何票です」って。「いや、当社は、何票、何票、何票、何票」。近いところが賭けに勝つとか。こんなの、マージャンの代わりにやってると思うよ、おそらく。

新聞同士で集まっても、「どこが内輪《うちわ》でいちばん近い数字を当てたか」みたいな、きっとやってると思う。テレビ局も、たぶんそうだと思う。

だから、〝遊ばれてる民主主義〟なんだよ。君らは、しょせん転がされてるんで。これはなあ、まあ、どこかでお立て直しは必要だわなあ。

マスコミに必要とされる「神の目から見た正義」

長谷川慶太郎　いちばん、今、幸福の科学が言ってるのは、「善悪の基準はどこから持ってきてるんだ」っていうことを言ってるんでしょ？「週刊文春」や「週刊新潮」の善悪の基準は、いったいどこにあるんだと。「嫉妬《しっと》心《しん》が集まれば、正義だ」という、そういう考え方かって。それだと、「マルクス主義と基本的に一緒」だよな。

保守の雑誌であるにもかかわらず、結局、マルクス主義なのかと。君らの正義は、嫉妬心以外にはないのかと。やっぱり、それは低いレベルだわな。

低いレベルはあってもいいけど、それだったら、もうスポーツ紙なんかと仲良く遊んでりゃあいいんで。偉《えら》そうに言わないで、もうちょっとプライドを下げておやりになったらいいと思うが。だいたい大手紙を落ちてきた、その鬱屈《うっくつ》した劣等《れっとう》感から、大臣のクビ取りが好きで好きで、まあ、しょうがないんだろうと思うけどね。

だから、「新聞がやれないような、極端《きょくたん》な嘘《うそ》を書いたり、差し込んだりしながら揺《ゆ》さぶる」っていうところに、生きがいを見いだしているんだろうけどさあ。でも、祟《たた》られると思うよ。たぶん、そういうことをして飯《めし》を食ってる、人のクビを取って飯を食ってる〝辻斬《つじぎ》り浪人《ろうにん》〟は、いつまでもは許してはくれないと思うんで。

今、もう一つ、「神の見た正義」っていう論点が出てきてるんでねえ。これは、いずれ追いやられてくると思うよ。

マスコミには、少なくとも「その作家やジャーナリストが、天国に行ける人か、地獄《じごく》に行ける人か」を見る目はないからね。結局ねえ、ヒットして儲《もう》かればいいだけだからね。これについては、じわじわと、今、切り込みが入れられているとは思うわな。

それから、確かにマスコミ的には正義だと思ってるようなことを判断してるんだろうけども、もうちょっと信仰心《しんこうしん》のある国だったら、例えば、幸福実現党みたいなのが立ったとき、それはもっと取り上げますよ。当たり前のことですので。「宗教政党が、そんな、公明党一つでいいのか」っていったら、これはおかしいですよ。大きく言って日蓮宗《にちれんしゅう》だが、日蓮宗でも傍流《ぼうりゅう》、傍流の日蓮宗の「在家《ざいけ》の講《こう》」だったところが宗教政党を取ってるっていうのは、これは、日本の宗教として恥《は》ずべきことだと思いますよ。

だから、ほかの宗教政党が立つということは、それは、いいことだと思うけど、(マスコミは）精神世界の善悪について、関心がまったくない。まったくないんで。

彼らの善悪は、要するに、「色《いろ》・金《かね》・欲《よく》」、地位や名誉《めいよ》で、とち狂《くる》って、何て言うか、墜落《ついらく》していく人を面白《おもしろ》おかしく書いて、そして、瓦版で食っていくような生活だからさ。自分らも生活はすさんでいるし、自分らもやってることは一緒だ。一緒のことをやってて、「〝偉くなった罪〟で、そいつらを叩《たた》き落とすのは正義だ」と言ってるだけだからさ。

この「無名の権力」が、今、出すぎていると思うから。まあ、これも、法律も何も要らないんじゃない？　マスコミが傾《かたむ》いても、「別に給付金はございません」って言ってもらえば、それで済むからな。小池《こいけ》さんがね、「あっ、給付金はありません」って言ってくれれば、それで済むんで。「実際にものづくりをしたり、食料をつくっている人のところに、給付金は出さなきゃいけないと思いますので」って言えばね。

「デフレからの脱却《だっきゃく》」は成功せず、昔返りする

質問者B　実際、購読《こうどく》数のところと広告のところが、これからグワッと、そうとう締《し》まっていくと思いますので。

長谷川慶太郎　それはそうでしょうよ。だって、商売できないのに広告しようがないじゃない、そんなの。したって、商売できないんだからさ。
あとはどうなるかね。家賃のところのほうも、要するに、払わなくていいように

すれば、大家のほうが今度は赤字に突入《とつにゅう》するんだろうから。ビルのオーナーたちも赤字になっていくわけだろうから。だから、そっちも、もし借金しているとしたら、そっちも倒産《とうさん》していくわなあ。まあ、そういうことになっていくし。

おそらく、商売ができないなら、ビル価格とかも落ちていかざるをえないし、土地の価格も落ちるから、今の「デフレからの脱却《だっきゃく》」っていうことは、成功はしないわな。「もう一回、昔返りをしていくしかない」というところだよね。

なんか、最近、「法務大臣が金を撒いた」とかいう報道を見るかぎりは、田中角《たなかかく》栄《えい》の時代に戻《もど》ってきたような感じがしないわけではない。

質問者B　そうですね。

長谷川慶太郎　田中角栄の時代に、「文春」がなんか撃《う》ち落とそうとして追い回っていたような感じに見えなくはないな、うん。規模は小さいけどね、金額の。

8　日本の国家イノベーションと未来展望

明治維新《いしん》で徹底《てってい》できなかったこととは

質問者A　前回の霊言《れいげん》で、私が面白《おもしろ》いなと思ったところに、「皇居の空間には、とても経済価値がある」という話がありました。また、同時に、長谷川先生の過去世《かこぜ》は、薩摩《さつま》の桐野利秋《きりのとしあき》さんだったともおっしゃられていました。そこで少し思ったことなのですが、もしかしたら、明治国家のビジョンについては少し違《ちが》ったイメージを持たれていたのかもしれないということでした。

今、日本は大きな国家イノベーションの時期に来ていると思いますが、何か参考になるヒントを頂けますでしょうか。

長谷川慶太郎　ああ、それはねえ、やっぱり坂本龍馬《さかもとりょうま》はんの責任やなあ。やっぱり、斬《き》られたらいかんかったんだよ。自分の仕事は終わったと思ってたんだろうけど、あそこで斬られたら、やっぱりいかんかったな。

大政奉還《たいせいほうかん》を慶喜《よしのぶ》からさせて、明治帝《てい》はいったい何をやったらいいのか、どんな政府にしたらいいか。やっぱり生きていなきゃいけなかったな、もうちょっとなあ。ちょっと中途半端《ちゅうとはんぱ》で。

だから、伊藤博文《いとうひろぶみ》公は、少うしカルマを持ってる。少しじゃないね。かなりね、カルマを持ってるように思うから。

やっぱり、実際に維新《いしん》を起こした連中らに、もう少し責任を持ってもらいたかった気持ちはあるな。

西郷《さいごう》どんなんかは、農業本位制の考え方をまだ持っとったから、ちょっと、明治の時代は見えんかったかもしれないけどね。侍《さむらい》と農民の世界で頭がいっぱいだった。龍馬のほうは、まだ商業とか貿易とかのほうに頭があったからなあ。

身分制社会、「四民平等《しみんびょうどう》」を言ったけど、徹底《てってい》できなかった部分はあるわなあ。皇室と華族《かぞく》を残して、今のタイみたいに権力を持った天皇だったからね。あれで本当によかったのかと。

ある意味ではなあ、十五代将軍が頭がよすぎたんだな。頭がよすぎて、もう負けが読めてしまって、すぐに撤退《てったい》してしまったところが問題で。もうちょっと、ねちっこくやって、苦労して政権を立てさせてやったほうが、勉強になった可能性はあるんやけどなあ。

まあ、君（質問者B）は、どこかの政党のどこかの候補みたいに、投票日まで待たずに逃《に》げてしまう癖《くせ》があるからな、気をつけたほうがいいな。頭がよすぎるっていうことは、罪なこともあるんや。少々悪いほうがええこともあってなあ。だから、もうちょっと苦労して……。

棚《たな》ぼた式にできた明治政府だったんで、そこんところがちょっと足りんかったような気はするがなあ。幕府の遺産をそのままもらったところがあって、「江戸城《えどじょう》をもらって、皇居にして」っていうところがあるわけだろうけども。

まあ、菊《きく》のタブーがあるから、あんまり言いすぎると……。「死んだから、もうええかも分からん」と思いつつも、やっぱり、いろんなところから、何て言うか……。いや、君たちを報道しない理由に使われてる可能性はあるからねえ、うん。あんまり言いすぎると、よくはないかもしれない。

マスコミが幸福実現党を報道しない「本当の理由」

質問者Ａ　未来志向で言ったときに、未来の日本の新しい国体のビジョンを、何かイメージされていますでしょうか。

長谷川慶太郎　いやあ、意外にみんな賢《かしこ》いんだよ。幸福の科学の言ってることを読むかぎりですねえ、「これ、皇室に代わろうとしてるのと違うか」と思って用心してるところは、そうとうあるはあるんだよ。だから、票が入るようにしないでブロックしてるところはあるんで。

これで、幸福の科学が政治のほうを諦《あきら》めてくれるなら、宗教として大きくなっても構わないが、あるいは、与党《よとう》の自民党の応援《おうえん》団体として居続けるなら、別に、大きくなっても構わないが、「もしかして、転覆《てんぷく》を考えたり、何かしてるんじゃないか」と、やっぱり疑いは持ってるのが、裏での協定だわなあ。「皇室の代わりに、幸福の科学が日本の国教になろうとしてるんじゃないか」と。

党首以下、正直な人が多くて、もう見え見えだから。ガラス張りみたいに、外からもう見え見えなんで。創価学会《そうかがっかい》みたいに嘘《うそ》がつけないところが弱点だよなあ。見え見えなんで、「それは困るなあ」というところが、いちおうあるとは思うよ。

だから、野党からも反対はもちろんあって、共産党系からも反対はあるけども、与党の側からも、「今の体制、国体を揺《ゆ》るがす、もう一つの革命勢力」に見えてるところはあることはあるんで。これが、報道しない「本当の理由」だよ。「広告代金だけをもらって、応援はしない」っていうことの「本当の理由」さ。

日本には「世界を引っ張っていく哲学《てつがく》」が要《い》る

質問者A　長谷川先生が構想を描《えが》かれていたとおり、本当に日本がアジアや世界のリーダーになっていくためには、何か公案《こうあん》があるかと思いますが。

長谷川慶太郎　いやあ、哲学《てつがく》は要《い》るよ。絶対、哲学は要るんだよ。「世界を引っ張っていく哲学」が必要なんだよ。だから、そういう思想なり、哲学なりを立てる人がいなかったら、日本の時代は来ないよ。

「実体経済で儲《もう》かってます。そろばんを弾《はじ》けば一番です」だけでは、それでは絶対ついてこないんで、「日本発の思想」は必要で、古い思想ではそれができない。もう、できないので。

「世界各国の元首がみな皇室にひざまずくことで、日本が中心になった」っていうのは、これは大本教《おおもときょう》だからな、これを言ってたら。大本教みたいになっちゃうから、そういうふうにはならないと思うね。

先の敗戦の仕方も、中途半端であったところもあるんで。マッカーサーがちょっと試行錯誤《しこうさくご》したわな。皇室を残しながら、自衛隊をつくって、「朝鮮《ちょうせん》戦争に備えないといかん」みたいなところで解任されちゃったから、実際どうしたらいいかが分からなくなっちゃったね。やるなら、もうちょっと、はっきり言っといてくれればよかったんだけどねえ。

吉田茂《よしだしげる》の孫がねえ、シルクハットをかぶって、まだやってる状態だからね。だから、戦後の設計図をいじれずに困ってんだろ?

でも、この設計図を変えることができるのは、大川隆法氏しか、今、たぶんいないよね。

だけど、大川さんが変えるには、弟子《でし》のほうが弱すぎて、サラリーマン化してしまって、やっぱり弱いわなあ。もっと有力な人が馳《は》せ参じてこないと、そこまで行かないよねえ、残念ながらねえ。

このへんが残念なところで、マスコミや教育のところを通じての洗脳が働いてるんだよ。「政教分離《ぶんり》」から引っ張り出して、「宗教は悪」みたいにしてきているので。

まあ、「憲法を変える」っていうのは、安倍《あべ》さんはちょっと違うふうに変えようとしてるとは思うけれども、「欧米型《おうべい》の、宗教をバックボーンにした民主主義」にするなら、変えなきゃいけないだろうな。

「欧米型の、宗教をバックボーンにした民主主義」にするなら、天皇制のところは、やっぱり引っ掛《か》かるわな。実際上、神がいないのとほとんど変わらないところでの、「現人神《あらひとがみ》」の思想だよな。

「現人神」の思想なら、ちゃんと説法《せっぽう》ができなきゃいけないからなあ。皇居から、内閣の総理大臣より上の価値観を持った、「国民への訓示」を垂れられる体制でなければいけないでしょうね。

それなら可能性としてはあるけど、だんだん、そうでない方向に持っていきつつあるわねえ。「中世の水路の研究」をしている現天皇とか、「ナマズの研究」をしている秋篠宮《あきしののみや》とか、こういうふうなことで政治から遠ざけようとしてやってるからね。

「経済システムの崩壊《ほうかい》で政体が変わる」ことはありえる

長谷川慶太郎　いや、だから、いずれにしても革命になるのかもしれないけど、そのときには、やっぱり、実体の政治・経済がガタガタになる必要があることはあるんで。

明治維新が起きた理由も、もし幕府が盤石《ばんじゃく》だったら、やっぱり、それは起きなかったと思うんで。実際上は財政赤字ですよ。幕府の財政赤字で、豪商《ごうしょう》たちからいっぱい借金して、それで回転して、踏《ふ》み倒《たお》してやってたっていうの？

やっぱり、この庶民《しょみん》のパワーというか、現実は、商人っていうのは身分は低いのに金は持っている。「ここに税金をかける」っていう発想が当時はなくて、農民からばっかり取り続けていたから、農業本位制の徳川《とくがわ》幕府はもたなくなったんだよね。システム的には、経済的に、これ失敗したんだよ。農業本位制の租税《そぜい》システムでは、幕府はもたなくなったんで。だから崩壊《ほうかい》した。

だから、「経済システムの崩壊で政体が変わる」ということは、十二分《じゅうにぶん》にありえると思うね。

質問者A　はい。貴重なご見解を頂きまして、ありがとうございます。

二十年ぐらい「産みの苦しみ」が続くが、面白《おもしろ》い時代でもある

長谷川慶太郎　いやあ、だから、これから来る二十年ぐらいねえ、ほんと、「産みの苦しみ」がいっぱい、これから続くと思うよ。

あっちが上がったり、こっちが上がったり、いろんなことがいっぱい起きると思うけど、一本、やっぱり「光の灯台」みたいなものが立っている必要があって、非常に高い見地から意見を言えることが大事だねえ。

「文春」や「新潮」は、「リバティ」に批判を書かれただけで潰《つぶ》れるぐらいでなき

ゃあ、駄目《だめ》なんじゃないかなあ。そのくらいの権威《けんい》が必要だな。

「必要とあれば、バッタを送るぞ」っていう（笑）、「一億匹《ひき》ぐらい送るぞ」と言ったら（笑）、いや、バッタに一億匹来られたら、出版社はもたないね、普通《ふつう》は。もう仕事できないわな。出勤できない。自宅にて仕事をしなきゃいけないようになるけど。

まあ、面白《おもしろ》い時代だと思うよ。

「出《しゅつ》エジプト」のモーゼにいっぱい起きた奇跡《きせき》みたいなのは、神話化されててよく分からんけどさあ、現代版でそれが起きたらどんなふうになるかを、君たちはそれを見ることになるし。キリスト教の「黙示録《もくしろく》のヨハネ」が言ってるような、封印《ふういん》が解かれていったときに出てくる、いろんな災《わざわ》いが出たらどうなるか。これを目《ま》の当たりにするから。

まあ、すでに起きてるかもしれないけどねえ。少なくとも、大地震《おおじしん》や津波《つなみ》はすでに起きてるし、原発問題もあったけど、さらにはテロは起きてるし、コロナは起きるし、バッタは出るし、また地震は来ると思います。さらに今度、「アダム・スミスが効かない国際経済で、どう生きていくか」っていう問題が、次に出てくるわねえ。

核《かく》戦争を通り越《こ》した「ウィルス戦争」の時代に入ったときは、これは、もうどこが仕掛けたか分からなくなるし、どこかに仕掛けたとしても全部回りますので、全世界に。この時代をどう生きるかといったら、もう本当に、完全ウィルス除《よ》けをした地下生活みたいなものが始まるかもしれないから、〝地底人〟が生まれる可能性も出てきます。彼ら（ウィルス）が嫌《きら》う所を探さなきゃいけないし。

まあ、ある意味でねえ、いいことはあんまりないかもしれないけれども、ある意味でスリリングで、もう何が起きるか分からない、ワクワクする時代だと思うんで。いやあ、面白い時代だ。

僕《ぼく》は〝寿命《じゅみょう》〟がないので残念だけれども、いやあ、君たちは面白い人生をあとちょっとだけ生きて、あの世に還《かえ》ってきたらいいよ。大混乱のなかをバイバイして還ったら、あとの人たちが整理をつけてくれるだろう、何とかね。
そういう、ちょっと〝ごった煮《に》〟みたいな時代が、しばらく来るんじゃないかな。

9　幸福の科学の未来への期待を語る

幸福の科学で活動する信者たちは〝新人類〟

長谷川慶太郎　何か訊《き》き忘れてることはあるか。

質問者C　「黙示録《もくしろく》の時代」というお言葉もあり、そのなかで一人ひとりがそれぞれの暮らしを考えなくてはなりません。

おそらく「守りの経済」という側面が強くなると思われますが、来《きた》る「黙示録の時代」を生き抜くための指針について、長谷川先生からアドバイスを頂けますでしょうか。

長谷川慶太郎　なんか、週刊誌に書かれてるんだろう？「幸福の科学の信者は、マスクもしないで、映画館で自分たちの映画を観《み》て帰ってる」とか書かれてるらしいじゃないですか。それは君たちにとって批判のようにも聞こえるが、別の意味において驚異《きょうい》ではあるわけよ。

こんな、コロナでみんなが萎縮《いしゅく》して、怖《こわ》がってさあ、外に出たらもうコロナがウヨウヨしてて、そのなかをマスクをかけて歩かなきゃいけないようなときに、平気で活動してる人がいるって、〝新人類〟ですよね。もし、それが詐欺《さぎ》じゃなくて本当だったら、これは恐《おそ》るべきことであるんですよねえ。

あとは「ＨＳＵ新聞」みたいなものには、奇跡談《きせきだん》が一ページにいっぱい書いてある。千眼美子《せんげんよしこ》さん（主演）の映画（「心霊喫茶《しんれいきっさ》『エクストラ』の秘密――The《ザ》 Real《リアル》 Exorcist《エクソシスト》――」〔製作総指揮・原作　大川隆法、二〇二〇年五月公開〕）を観たぐらいで奇跡がいっぱい起きるんだったら、これは大変なことで、もうイエスの時代どころじゃない話ですからねえ。

いや、恐ろしい〝新人類〟が、もしかしたら、できつつあるのかもしれない、日本のなかから。あるいは、世界でも起きつつあるかもしれないんで。

そこで戦いは起きるとは思うが、いやあ、それをへっちゃらでやってのけたら、それはすごいことだと思いますね。

でも、最後には勝つよ、たぶん。うん、君らが勝つと思う。

認識の高い者には勝てない。低い者は高い者には勝てないんだよ。

君らが言ってるのは、「中国が高速鉄道を走らせても、それが転落したら、見られる前に埋《う》めて。生きてる人がいても構わんから、土を掘《ほ》って埋めて、なかったことにするような、こんな国が発展しちゃいけない」って言ってるんでしょう？　世界的に。「リーダーになっちゃいけない」って言ってるんでしょう？

正しいですよ。その正しいことが正しいと分からない与党《よとう》の政治家やマスコミの人たちには、退場してもらうしかないんだよ、基本的に。おかしいですよ。ね？　おかしいんですよ。

「正しくないものが一国を率《ひき》い、世界のリーダー国を率い、世界を率いる」ってことは、あってはならないことなんです。

これは、神がいたら絶対に許してはいけないことで、「神はない」と称《しょう》することで、それがありえることに……。

国家が存続することが、神の代わりになったんでしょう? 「国家の指導者が全権を握《にぎ》れたら、それが神の代わりだ」って言うんでしょう?

これを叩《たた》き潰《つぶ》そうとしてるんでしょう? 面白《おもしろ》い戦いじゃないですか。それが起きると思いますよ。

悪を暴《あば》いて崩壊《ほうかい》させることが「本来のマスコミの使命」

長谷川慶太郎　「本来のマスコミの使命」は、そういうものを叩き潰すことが使命で、〝偽現人神《にせあらひとがみ》〟が人民を抑圧《よくあつ》し、搾取《さくしゅ》する世界を、悪を暴《あば》いて崩壊《ほうかい》させるのが「本来のマスコミの使命」だよな。

そんなことやってない、やってない。自分らが食っていくことのためのマスコミになってるね、日本では。中国なんかでは、本当のことさえ言えないマスコミで、公務員としてのマスコミにしかすぎないわな。

だから、「リバティ」が国民の世論《せろん》になる時代が来たら、それは、革命はもう成《じょう》就《じゅ》してるんだよ。だから、それまでの戦いだな。

頑張《がんば》って、バンバン斬《き》りまくったらいいんじゃないか。

だから、「政党が目立たない」とかさあ、「ニュースにならない」とか言ってるんだったら、目立つようにさせてやればいいわけで、敵がいっぱい襲《おそ》いかかるようにしてやればいいのよ。仕向けてやれば。ね？

「リバティ」の記事を読んで政党を攻撃《こうげき》しないと、自分らがもたなくなると思って、一生懸命《いっしょうけんめい》、攻撃させたらいい。そうすると、防衛のために戦わざるをえないので。そうすると、目立って報道したくなってくる。いや、それが大事なんです。

だからね、戦わないものはねえ、有名にならないんだよ。

質問者Ｂ　そうですね。

長谷川慶太郎　流行《はや》らないんだよ。だから、戦いは必要なんです。だから、既成権《きせい》力と戦わせなきゃいけない。そのねえ、やっぱり〝仕込《しこ》み〟をかけなきゃいけないと思います。今のままでは駄目《だめ》です。

〝トランプ兵法〟では、金をかけずに、戦いで宣伝することをやった。「最後の勝敗」は、神様に任したらいい。うん。

質問者Ｂ　はい。ありがとうございます。

四、五十歳《さい》ぐらいに若返っている霊界《れいかい》の長谷川慶太郎氏

質問者Ａ　時間ではございますが……。

長谷川慶太郎　ああ、そうか。

質問者A　はい、ありがとうございます。

だいぶ若返られたような感じもします。

長谷川慶太郎　うん、そうなんだよな。

質問者A　六、七十歳《さい》ぐらいと、前回は言われました。

長谷川慶太郎　ああ、この前は「六十」やったけど、今、なんか「五、六十」、いやいや「四、五十」ぐらいの感じで。

質問者A　悟《さと》りも進まれ、若返られて、元気に……。

長谷川慶太郎　四、五十の感じで、まだ、世の中で四十年ぐらいは働けそうな気がするな。

質問者A　まだまだ、今後ともどうぞよろしく……。

長谷川慶太郎　ああ。いいね、悪くないねえ。

いやあ、ちょっと、大川隆法さんぐらい〝精度のいいパイプ〟は、継承《けいしょう》できるようにしていてくれないと、あと、まずいんじゃないかなあ。精度が悪い者に通したら、通らないからさあ。

ＨＳＵから人材が出てくれれば、未来は明るい

質問者Ａ　今日も、稀有《けう》なるチャンスを頂きまして、本当にありがとうございました。

長谷川慶太郎　やっぱり、君たちの大学（ハッピー・サイエンス・ユニバーシティ〔ＨＳＵ〕）なあ、あれは東大を超《こ》えるぐらいまで行かなあかんで。そうしたら人材が出てくるから。〝松下村塾《しょうかそんじゅく》〟にしては大きすぎるけどさあ。

でも、やっぱり立派やないか。いや、昨日《きのう》読んで……、来てたからさあ、一緒《いっしょ》にちょっと私も見せてもらったんだけど、「ＨＳＵ新聞」ぐらいでさあ、君たちの政党よりも立派なことを書いてあったよ。頭のいい人がいるんじゃない？　なかに、もうちょっと。だから、未来は明るいよ。

質問者Ａ　はい。

長谷川慶太郎　だから、まあ、つなぎ役のボンクラは、早々《そうそう》にどっかに行ってくれ。次の世代に、やっぱり期待して、優秀《ゆうしゅう》な方々に頑張っていただいたらいいんじゃないかなあ。

質問者Ａ　ぜひ、霊界《れいかい》から幸福の科学に期待をしていただければと思います。

「日本の時代」をつくるべく頑張《がんば》るべき

長谷川慶太郎　未来は明るいよ。

いやあ、私は、「日本の時代」は一回は、やっぱり来ないといかんと思うね。先の大戦で敗れたけどね。でも、やっぱり一回は「日本の時代」をつくりたいね、うーん。

「日米」と言ってるけど、とりあえず、軍事力から見て、今のところ米は外せないから、まあ、言ってるけど、「日本の時代」をつくるべく頑張《がんば》るべきで。

いやあ、安倍《あべ》さんも、ここまで来たらもう、法律なんか要《い》らないんだからさあ、もうガンガン、「イージス・アショアは性能が悪いため、直接攻撃できるようなものをつくることにしました」と言って、それで終わりにしたらいいんじゃないの？　どうせ辞《や》めるんだからさあ、もう言ったらいいんだよ、もうガンガンに。

だから、北京《ペキン》と平壌《ピョンヤン》、攻撃できたらいいんだろう？　とりあえずは。とりあえず日本の危機はないんだから、その二つなんだからさあ。北京と平壌が廃墟《はいきょ》になるようなものをつくったら、それで終わりなんだろう？

だから、「やるなら、こっちもやるぞ」っていうことで、いちおうそれで終わりだよ。うん、それ以上のものじゃない。それをアメリカに頼《たの》むか、自分らでやるか、まあ、それだけのことだからな。アメリカが困ってるなら、自分らでやる。そのくらいのことを言ってから辞めろよって、まあ、言いたいね。

質問者Ａ　はい。今日は本当に貴重なお時間を頂きまして、ありがとうございました。

長谷川慶太郎　はい（手を一回叩く）。

質問者Ｂ　ありがとうございました。

10 霊言《れいげん》収録を終えて

大川隆法　今日は何か、若干《じゃっかん》、刺激《しげき》的な言い方をされましたね。いちおう、教団への、後《おく》れて来たエールではあるんでしょうね。

みんなが行き詰《づ》まっているように見えているのは、たぶん、「現にある仕組み、慣習のようなものが、目に見えない膜《まく》となって破れない」といった感じにとらわれているんだろうから、もう少し異次元発想をしないと、やれないということですね。

あとは、「マネー戦争」もこれから起きるのでしょうけれども、起きるべくして起き、敗れるべくして敗れるものが、一時期、しばらく出てくるということは、いちおう覚悟《かくご》しておいたほうがよいということでしょうね。

まあ、未来は面白《おもしろ》いほうがよろしいですね。

Bさんなんか、本当に〝バッタを引き寄せる力〟があるから、君はズールー神《しん》とかと何か関係があるのではないですか。

質問者B　（笑）

大川隆法　あれは、まだ本にできないでいますからね。ズールー神だけでは、もうちょっと中身がないと本にできません（笑）。何か〝友達〟がいるのではないでしょうか。南米とか、ほかにも何か〝友達〟がいるのではないかと思います。まだ本にできていないズールー神と、洞庭湖娘娘《どうていこニャンニャン》なども、まだ本にできないでいるのです（笑）。

何かいろいろと、手に負えないようなことが起きるのを楽しみにしていましょう。私たちは、そういうときに意見が言えるので。

みな、あくまでも、コロナが終息したら元どおりに戻《もど》したいと思っているだけ

●ズールー神　2020年4月6日収録の霊言「アフリカの祟り神・ズールーが語る次なる危機の警告」（幸福の科学の支部、拠点、精舎で公開）参照。

●洞庭湖娘娘　2020年4月24日収録の霊言「泰山娘娘《たいざんニャンニャン》の霊言／E・ケイシーの霊言／ズールー神の霊言」（幸福の科学の精舎で公開）参照。

なんでしょうけれども、「戻らないよ」と言っている以上、戻らないで、おそらく、さらなるものが、もっと来るのだろうと思います。

中国も、バッタが出ていても自分たちでは報道しないし、それから、大洪水《だいこうずい》が起きていても報道しないし、隠《かく》していますから。

マスコミが必要なところにマスコミがなく、マスコミがそれほど必要ではないところに過剰《かじょう》のマスコミがあるという、変な感じではありますね。

質問者A　今日は貴重なヒントを頂きましたので、これからも頑張《がんば》らせていただきます。ありがとうございます。

大川隆法　はい。ありがとうございました（手を一回叩《たた》く）。

あとがき

とうとう「霊界国際エコノミスト」が誕生したらしい。我々は、霊界の存在証明と同時に、現在の混とん状態に対しても、処方箋《しょほうせん》を頂く幸運に恵まれた。他の霊人の霊言と比較しつつ、近未来予測は、より精度を増していくだろう。

長谷川氏より、仮想通貨や政局、天意についてのご意見を頂けたのはうれしかった。

さて、幸福の科学にとっても、政治問題はやっかいで、この世で活動することの難しさを感じている。

「神の政治学」「神の経済学」を二十一世紀前期に打ち樹《た》てられるか。そしてそれは宗教に可能か。倒錯《とうさく》した価値観を元に戻せるか。
やはり一歩一歩、一日一日、駒を進めていくしかない。本書が、生前の長谷川氏ファンにとっても福音《ふくいん》となることを願ってやまない。

二〇二〇年　六月三十日

幸福《こうふく》の科学《かがく》グループ創始者兼総裁《そうししゃけんそうさい》　大川隆法《おおかわりゅうほう》

『長谷川慶太郎の未来展望』関連書籍

『コロナ不況下のサバイバル術』（大川隆法 著　幸福の科学出版刊）

『新しき繁栄の時代へ』（同右）

『時事政談』（同右）

『長谷川慶太郎の霊言』（同右）

『P．F．ドラッカー「未来社会の指針を語る」』（同右）

『大恐慌時代を生き抜く知恵――松下幸之助の霊言――』（同右）

長谷川慶太郎《はせがわけいたろう》の未来展望《みらいてんぼう》

――コロナ禍の世界をどう見るか――

2020年7月1日　初版第1刷

著　者　　大《おお》　川《かわ》　隆《りゅう》　法《ほう》

発行所　　幸福の科学出版株式会社

〒107-0052 東京都港区赤坂2丁目10番8号
TEL(03)5573-7700
https://www.irhpress.co.jp/

印刷・製本　株式会社 研文社

落丁・乱丁本はおとりかえいたします

ISBN978-4-8233-0131-5 C0030

大川隆法 霊言シリーズ・評論家・言論人に訊く

長谷川慶太郎の霊言

霊界からの未来予言

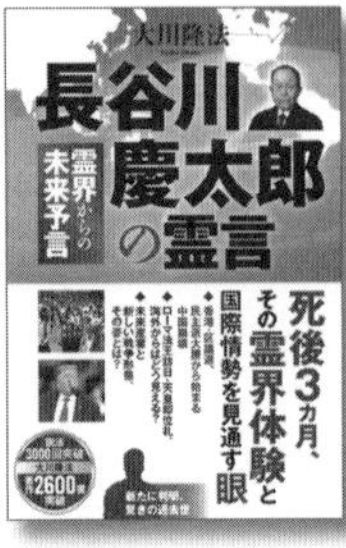

国際エコノミスト・長谷川慶太郎氏の、死後3カ月の霊言。2020年以降の国際政治・経済・外交・軍事などを斬れ味鋭く語る。数々の過去世も明らかに──。

1,400円

長谷川慶太郎の守護霊メッセージ

緊迫する北朝鮮情勢を読む

軍事評論家・長谷川氏の守護霊が、無謀な挑発を繰り返す金正恩の胸の内を探ると同時に、アメリカ・中国・韓国・日本の動きを予測する。

1,300円

渡部昇一「天国での知的生活」と「自助論」を語る

未来を拓く鍵は「自助論」にあり──。霊界での知的生活の様子や、地上のコロナ禍に対する処方箋など、さまざまな問題に“霊界評論家”渡部昇一が答える。

1,400円

渡部昇一 日本への申し送り事項

死後21時間、復活のメッセージ

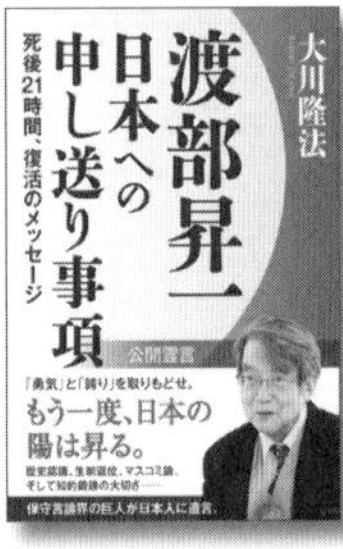

「知的生活」の伝道師として、また「日本の誇りを取り戻せ」運動の旗手として活躍してきた「保守言論界の巨人」が、日本人に託した遺言。

1,400円

※表示価格は本体価格（税別）です。

大川隆法 霊言シリーズ・評論家・言論人に訊く

竹村健一の霊言 大逆転の時代 次の 30 年を語る

死後4日、人気評論家の竹村健一氏が世相を斬る！ 中国バブルの崩壊や中東問題、トランプの本質、メディアの未来などを解説し、常識の大逆転を大胆予測。

1,400 円

堺屋太一の霊言

情報社会の先にある「究極の知価革命」

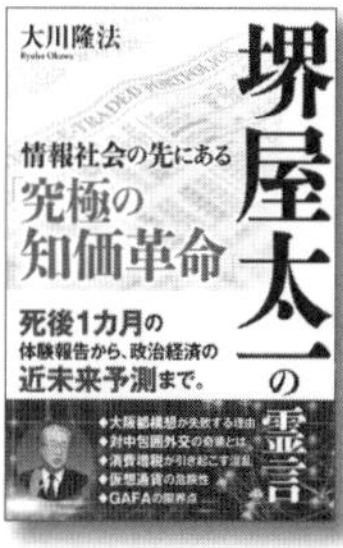

情報社会の先にある「究極の知価革命」とは。堺屋太一氏が、大阪維新の会への率直な思いをはじめ、政治・経済の近未来予測を独自の視点で語る。

1,400 円

外交評論家・岡崎久彦 —後世に贈る言葉—

帰天3週間後、天上界からのメッセージ。中国崩壊のシナリオ、日米関係と日露外交など、日本の自由を守るために伝えておきたい「外交の指針」とは。

1,400 円

日下公人の スピリチュアル・メッセージ

現代のフランシス・ベーコンの知恵

「知は力なり」──。保守派の評論家・日下公人氏の守護霊が、今、日本が抱える難問を鋭く分析し、日本再生の秘訣を語る。

1,400 円

大川隆法ベストセラーズ・真の正義ある世界へ

正義の法

憎しみを超えて、愛を取れ

テロ事件、中東紛争、中国の軍拡──。どうすれば世界から争いがなくなるのか。あらゆる価値観の対立を超える「正義」とは何かを指し示す。

2,000円

新しき繁栄の時代へ

地球にゴールデン・エイジを実現せよ

アメリカとイランの対立、中国と香港・台湾の激突、地球温暖化問題、国家社会主義化する日本──。混沌化する国際情勢のなかで、世界のあるべき姿を示す。

1,500円

自由・民主・信仰の世界

日本と世界の未来ビジョン

国民が幸福であり続けるために──。未来を拓くための視点から、日米台の関係強化や北朝鮮問題、日露平和条約などについて、正論を説いた啓蒙の一冊!

1,500円

いま求められる世界正義

The Reason We Are Here
私たちがここにいる理由

英語説法
英日対訳

カナダ・トロントで2019年10月6日（現地時間）に行われた英語講演を収録。香港デモや中国民主化、地球温暖化、LGBT等、日本と世界の進むべき方向を語る。

1,500円

幸福の科学出版

ドキュメンタリー映画
奇跡との出会い。
―心に寄り添う。3―
それは、あなたの人生にも起こる。
末期ガン、白血病、心筋梗塞、不慮の事故――
医者も驚く奇跡現象を体験した人びと。
その真実を描いた感動のドキュメンタリー。
企画／大川隆法
出演／希島 凛　市原綾真　監督／奥津貴之　音楽／水澤有一
製作／ARI Production　製作協力／ニュースター・プロダクション　配給／日活　配給協力／東京テアトル　©2020 ARI Production
8月28日(金)公開

1991年7月15日、東京ドーム。
人類史を変える「歴史的瞬間」が誕生した。
――これは、映画を超えた真実。
夜明けを信じて。
2020年10月16日(金) ROADSHOW
製作総指揮・原作 大川隆法
田中宏明 千眼美子 長谷川奈央 芦川よしみ 石橋保
監督／赤羽博 音楽／水澤有一 脚本／大川咲也加 製作／幸福の科学出版 製作協力／ARI Production ニュースター・プロダクション
制作プロダクション／ジャンゴフィルム 配給／日活 配給協力／東京テアトル ©2020 IRH Press

幸福の科学グループのご案内

宗教、教育、政治、出版などの活動を通じて、地球的ユートピアの実現を目指しています。

幸福の科学

一九八六年に立宗。信仰の対象は、地球系霊団の最高大霊、主エル・カンターレ。世界百カ国以上の国々に信者を持ち、全人類救済という尊い使命のもと、信者は、「愛」と「悟り」と「ユートピア建設」の教えの実践、伝道に励んでいます。

（二〇二〇年六月現在）

愛

幸福の科学の「愛」とは、与える愛です。これは、仏教の慈悲《じひ》や布施《ふせ》の精神と同じことです。信者は、仏法真理をお伝えすることを通して、多くの方に幸福な人生を送っていただくための活動に励んでいます。

悟り

「悟り」とは、自らが仏の子であることを知るということです。教学《きょうがく》や精神統一によって心を磨き、智慧《ちえ》を得て悩みを解決すると共に、天使・菩薩《ぼさつ》の境地を目指し、より多くの人を救える力を身につけていきます。

ユートピア建設

私たち人間は、地上に理想世界を建設するという尊い使命を持って生まれてきています。社会の悪を押しとどめ、善を推し進めるために、信者はさまざまな活動に積極的に参加しています。

国内外の世界で貧困や災害、心の病で苦しんでいる人々に対しては、現地メンバーや支援団体と連携して、物心両面にわたり、あらゆる手段で手を差し伸べています。

年間約２万人の自殺者を減らすため、全国各地で街頭キャンペーンを展開しています。

公式サイト **www.withyou-hs.net**

ヘレン・ケラーを理想として活動する、ハンディキャップを持つ方とボランティアの会です。視聴覚障害者、肢体不自由な方々に仏法真理を学んでいただくための、さまざまなサポートをしています。

公式サイト **www.helen-hs.net**

入会のご案内

幸福の科学では、大川隆法総裁が説く仏法真理《ぶっぽうしんり》をもとに、「どうすれば幸福になれるのか、また、他の人を幸福にできるのか」を学び、実践しています。

入会　仏法真理を学んでみたい方へ

大川隆法総裁の教えを信じ、学ぼうとする方なら、どなたでも入会できます。入会された方には、『入会版「正心法語《しょうしんほうご》」』が授与されます。

ネット入会　入会ご希望の方はネットからも入会できます。
happy-science.jp/joinus

三帰《さんき》誓願《せいがん》　信仰をさらに深めたい方へ

仏弟子としてさらに信仰を深めたい方は、仏《ぶっ》・法《ぽう》・僧《そう》の三宝《さんぽう》への帰依を誓う「三帰誓願式」を受けることができます。三帰誓願者には、『仏説・正心法語』『祈願文《きがんもん》①』『祈願文②』『エル・カンターレへの祈り』が授与されます。

幸福の科学 サービスセンター
TEL 03-5793-1727
受付時間／
火～金：10～20時
土・日祝：10～18時
（月曜を除く）

幸福の科学 公式サイト
happy-science.jp

ハッピー・サイエンス・ユニバーシティ

Happy Science University

ハッピー・サイエンス・ユニバーシティとは

ハッピー・サイエンス・ユニバーシティ(HSU)は、大川隆法総裁が設立された「現代の松下村塾」であり、「日本発の本格私学」です。建学の精神として「幸福の探究と新文明の創造」を掲げ、チャレンジ精神にあふれ、新時代を切り拓く人材の輩出を目指します。

人間幸福学部　経営成功学部　未来産業学部

HSU長生キャンパス TEL **0475-32-7770**
〒299-4325　千葉県長生郡長生村一松丙 4427-1

未来創造学部

HSU未来創造・東京キャンパス
TEL **03-3699-7707**
〒136-0076　東京都江東区南砂2-6-5

公式サイト **happy-science.university**

学校法人 幸福の科学学園

学校法人 幸福の科学学園は、幸福の科学の教育理念のもとにつくられた教育機関です。人間にとって最も大切な宗教教育の導入を通じて精神性を高めながら、ユートピア建設に貢献する人材輩出を目指しています。

幸福の科学学園
中学校・高等学校(那須本校)
2010年4月開校・栃木県那須郡(男女共学・全寮制)
TEL **0287-75-7777** 公式サイト **happy-science.ac.jp**

関西中学校・高等学校(関西校)
2013年4月開校・滋賀県大津市(男女共学・寮及び通学)
TEL **077-573-7774** 公式サイト **kansai.happy-science.ac.jp**

仏法真理塾「サクセスNo.1」

全国に本校・拠点・支部校を展開する、幸福の科学による信仰教育の機関です。小学生・中学生・高校生を対象に、信仰教育・徳育にウエイトを置きつつ、将来、社会人として活躍するための学力養成にも力を注いでいます。

TEL 03-5750-0751（東京本校）

エンゼルプランV

東京本校を中心に、全国に支部教室を展開しています。信仰に基づいて、幼児の心を豊かに育む情操教育を行っています。また、知育や創造活動を通して、子どもの個性を大切に伸ばし、天使に育てる幼児教室です。

TEL 03-5750-0757（東京本校）

不登校児支援スクール「ネバー・マインド」

TEL 03-5750-1741

心の面からのアプローチを重視して、不登校の子供たちを支援しています。

ユー・アー・エンゼル！（あなたは天使！）運動

障害児の不安や悩みに取り組み、ご両親を励まし、勇気づける、障害児支援のボランティア運動を展開しています。

一般社団法人 ユー・アー・エンゼ

TEL 03-6426-7797

NPO活動支援

学校からのいじめ追放を目指し、さまざまな社会提言をしています。また、各地でのシンポジウムや学校への啓発ポスター掲示等に取り組む一般財団法人「いじめから子供を守ろうネットワーク」を支援しています。

いじめから子供を守ろうネットワーク

公式サイト mamoro.org　ブログ blog.mamoro.org

相談窓口 TEL.03-5544-8989

百歳まで生きる会

「百歳まで生きる会」は、生涯現役人生を掲げ、友達づくり、生きがいづくりをめざしている幸福の科学のシニア信者の集まりです。

シニア・プラン21

生涯反省で人生を再生・新生し、希望に満ちた生涯現役人生を生きる仏法真理道場です。定期的に開催される研修には、年齢を問わず、多くの方が参加しています。
全世界212カ所（国内197カ所、海外15カ所）で開校中。

【東京校】 TEL 03-6384-0778　FAX 03-6384-0779
メール senior-plan@kofuku-no-kagaku.or.jp

幸福実現党

内憂外患《ないゆうがいかん》の国難に立ち向かうべく、2009年5月に幸福実現党を立党しました。創立者である大川隆法党総裁の精神的指導のもと、宗教だけでは解決できない問題に取り組み、幸福を具体化するための力になっています。

幸福実現党 釈量子サイト　**shaku-ryoko.net**

Twitter　**釈量子@shakuryoko**で検索

党の機関紙
「幸福実現党NEWS」

幸福実現党　党員募集中

あなたも幸福を実現する政治に参画しませんか。

○幸福実現党の理念と綱領、政策に賛同する18歳以上の方なら、どなたでも参加いただけます。

○党費:正党員（年額5千円［学生 年額2千円］）、特別党員（年額10万円以上）、家族党員（年額2千円）

○党員資格は党費を入金された日から1年間です。

○正党員、特別党員の皆様には機関紙「幸福実現党NEWS（党員版）」（不定期発行）が送付されます。

＊申込書は、下記、幸福実現党公式サイトでダウンロードできます。
住所:〒107-0052　東京都港区赤坂2-10-8 6階 幸福実現党本部
TEL **03-6441-0754**　FAX **03-6441-0764**
公式サイト **hr-party.jp**

出版 メディア 芸能文化 幸福の科学グループ

幸福の科学出版

大川隆法総裁の仏法真理の書を中心に、ビジネス、自己啓発、小説など、さまざまなジャンルの書籍・雑誌を出版しています。他にも、映画事業、文学・学術発展のための振興事業、テレビ・ラジオ番組の提供など、幸福の科学文化を広げる事業を行っています。

アー・ユー・ハッピー?
are-you-happy.com

ザ・リバティ
the-liberty.com

幸福の科学出版
TEL **03-5573-7700**
公式サイト **irhpress.co.jp**

THE FACT

ザ・ファクト
マスコミが報道しない「事実」を世界に伝えるネット・オピニオン番組

ザ・ファクト 検索

NEW STAR PRODUCTION

ニュースター・プロダクション

「新時代の美」を創造する芸能プロダクションです。多くの方々に良き感化を与えられるような魅力あふれるタレントを世に送り出すべく、日々、活動しています。 公式サイト **newstarpro.co.jp**

ARI Production

ARI《アリ》 Production《プロダクション》

タレント一人ひとりの個性や魅力を引き出し、「新時代を創造するエンターテインメント」をコンセプトに、世の中に精神的価値のある作品を提供していく芸能プロダクションです。 公式サイト **aripro.co.jp**

大川隆法　講演会のご案内

大川隆法総裁の講演会が全国各地で開催されています。講演のなかでは、毎回、「世界教師」としての立場から、幸福な人生を生きるための心の教えをはじめ、世界各地で起きている宗教対立、紛争、国際政治や経済といった時事問題に対する指針など、日本と世界がさらなる繁栄の未来を実現するための道筋が示されています。

2019年12月17日 さいたまスーパーアリーナ「新しき繁栄の時代へ」

2019年10月6日 ザ ウェスティン ハーバーキャッスル トロント(カナダ)「The Reason We Are Here」

2019年7月5日 福岡国際センター「人生に自信を持て」

2019年3月3日 グランド ハイアット 台北(台湾)「愛は憎しみを超えて」

2019年7月13日 ホテル イースト21 東京「幸福への論点」

講演会には、どなたでもご参加いただけます。
最新の講演会の開催情報はこちらへ。 ⟹ 大川隆法総裁公式サイト https://ryuho-okawa.org